Martin Häußermann

PORSCHE 911

Die Prospekte seit 1964

Delius Klasing Verlag

Besonderer Dank gilt dem Team des PORSCHE-Archivs, ohne dessen
Unterstützung dieses Buch nicht hätte realisiert werden können.

Ich widme dieses Buch meiner Frau Elke, die meine Arbeit stets nach
Kräften unterstützt sowie meinen Söhnen Konstantin und Max, die
meine Begeisterung für schöne Autos teilen.
Gerlingen, im Juli 2008
Martin Häußermann

Bibliografische Information der Deutschen Nationalbibliothek
Die Deutsche Nationalbibliothek verzeichnet diese Publikation in der
Deutschen Nationalbibliografie; detaillierte bibliografische
Daten sind im Internet über »http://dnb.d-nb.de« abrufbar.

1. Auflage
ISBN 978-3-7688-2514-6
© by Delius, Klasing & Co. KG, Bielefeld

Text und Konzeption: Martin Häußermann
Schutzumschlaggestaltung und Layout: Cordula Kreft, scanlitho.teams
Reproduktionen: scanlitho.teams, Bielefeld
Druck: Firmengruppe APPL, aprinta druck, Wemding
Printed in Germany 2008

Alle Rechte vorbehalten! Ohne ausdrückliche Erlaubnis
des Verlages darf das Werk, auch nicht Teile daraus, weder
reproduziert, übertragen noch kopiert werden, wie z. B.
manuell oder mithilfe elektronischer und mechanischer
Systeme inklusive Fotokopieren, Bandaufzeichnung und
Datenspeicherung.

Delius Klasing Verlag, Siekerwall 21, D-33602 Bielefeld
Tel.: 0521/559-0, Fax: 0521/559-115
E-Mail: info@delius-klasing.de
www.delius-klasing.de

INHALT

PROLOG 9

FAHREN IN SEINER SCHÖNSTEN FORM 11
Porsche 911 2,0 Liter
Modelljahre 1965 – 1969

DIE SCHÜRZENJÄGER 25
Porsche 911 2,2 Liter und 2,4 Liter
Modelljahre 1970 – 1973

KRAFTMASCHINE 35
Porsche 911, 911 S, Carrera, Turbo
(G-Modelle, 2,7 Liter und 3,0 Liter)
Modelljahre 1974 – 1977

DER EWIGE RENNER 53
Porsche 911 SC, 911 Carrera, 911 Turbo
Modelljahre 1978 – 1988

BLOSS KEINEN STRESS 81
Porsche 911 Carrera 2, Carrera 4, Turbo (Typ 964)
Modelljahre 1989 – 1993

EVOLUTION EINES KLASSIKERS 95
Porsche 911 Carrera, Turbo (Typ 993)
Modelljahre 1994 – 1998

GENUSS OHNE REUE 111
Porsche 911 Carrera, Carrera 4, Turbo, GT2 (Typ 996)
Modelljahre 1998 – 2004

TYPISCH PORSCHE 133
Porsche 911 Carrera, Carrera S, Turbo, GT3 (Typ 997)
Modelljahre 2005 – 2008

EPILOG 155
Der neue 911

PORSCHE 901

Die Dr.-Ing. h. c. F. Porsche KG. hat mit dem Typ 901 ein wirtschaftliches und schnelles Automobil geschaffen, das unter Berücksichtigung der typischen Porsche-Linie alle Vorzüge der bewährten 356-Modelle und die langjährigen Erfahrungen seiner Konstrukteure und Versuchsingenieure in sich vereint. Es rundet das gegenwärtige Verkaufs-Programm nach oben ab. Im Gewicht und Temperament dem Carrera 2000 GS ebenbürtig, in den Endgeschwindigkeitswerten ihn noch übertreffend, wird mit dem Typ 901 die alte Porsche-Formel „Fahren in seiner schönsten Form" von neuem beweisen. Dieses Modell stellt ein Optimum an Fahrkomfort, Straßenlage und Fahrsicherheit dar, wie es der anspruchsvolle Porsche-Kunde seit Erscheinen des ersten Porsche-Wagens gewöhnt war.

Der Motor ist ein luftgekühlter 6-Zylinder-Boxer-Motor mit je einer obenliegenden Nockenwelle, bei dessen Konstruktion die Erfahrungen der Grand-Prix- und Sportmotorenentwicklung verwertet wurden. Die Kurbelwelle ist achtfach gelagert. Für die Bauteile wurde weitgehend Leichtmetall verwendet. Konstruktiv ist der Motor so ausgelegt, daß er im Rahmen seiner Entwicklungsstufen für Sportzwecke verwendet werden kann. Die beiden Nockenwellen werden, erstmals bei Porsche, über Ketten angetrieben. Für das Fahrzeug wurde ein neues Getriebe entwickelt, welches in seiner Funktion dem bisherigen gleicht, jedoch wegen des großen Geschwindigkeitsbereiches 5 Vorwärtsgänge besitzt. Die vordere Radaufhängung und Führung erfolgt durch untenliegende Querlenker und die beiden Stoßdämpfer, die Abfederung durch längsliegende Torsionsstäbe. Aufhängung und Führung der Hinterräder werden von Längslenkern übernommen, die über querliegende Drehstäbe abgestützt sind. Der Antrieb erfolgt über Doppelgelenkwellen.

Die Lenkung arbeitet nach dem Zahnstangenprinzip und wurde vorn in der Fahrzeugmitte angeordnet. Diese Bauweise ermöglichte es, einen wesentlichen Beitrag zur inneren Sicherheit zu leisten, da durch den Einbau der Umlenkungen die Verwendung einer starren Lenksäule vermieden werden konnte. Das Fahrzeug ist an allen vier Rädern mit Scheibenbremsen ausgestattet.

Für die Karosserie ergab sich nun die Notwendigkeit, die neuen Aggregate zu einer Einheit zusammenzufassen und bei den äußeren Abmessungen, die den Typ 356 lediglich in der Länge um 120 mm übertreffen, während in der Breite eine Einsparung von 70 mm erzielt werden konnte, einen größeren Innenraum zu schaffen. Gleichzeitig wurden, den heutigen Forderungen entsprechend, größere Fensterflächen geschaffen.

Der Vordersitzraum konnte in den Innenabmessungen trotz geringerer Fahrzeugbreite vergrößert werden. Im Prinzip wurde die heutige Sitzposition, die guten Komfort bei langen Reisen bietet, übernommen. Der Fußraum hinter den Vordersitzen wurde um etwa 6 cm verlängert. Zur Erleichterung bei Instandsetzungsarbeiten können die vorderen Kotflügel einzeln ausgewechselt werden. Um bei der Belüftung des Fahrgastraumes den heutigen Ansprüchen gerecht zu werden, wurde der Lösung dieser Frage besondere Aufmerksamkeit geschenkt. Unter der Vorderhaube ist reichlich Raum für die Unterbringung von Koffern und sonstigen Gepäckstücken.

901

Technische Daten

Motor

Zylinderzahl	6
Bohrung	80 mm
Hub	66 mm
Hubraum tatsächlich	1991 cm³
Verdichtungsverhältnis	9 : 1
Leistung	130 PS (DIN) bei 6200 U/min
Höchstes Drehmoment	16,5 mkg bei 4600 U/min
Literleistung	65 PS/l

Motorkonstruktion

Bauart	Viertakt-Vergasermotor mit je drei gegenüberliegenden Zylindern (Boxer)
Kühlung	Luftkühlung
Kurbelgehäuse	Leichtmetall
Zylinder	Grauguß
Zylinderkopf	Leichtmetall
Anzahl der Ventile (je Zylinder)	1 Einlaßventil, 1 Auslaßventil
Anordnung der Ventile	hängend V-förmig
Ventilsteuerung	im Zylinderkopf, obenliegend über Kipphebel
Nockenwellenantrieb	Kettentrieb
Kurbelwelle	geschmiedet, 8 Gleitlager
Pleuellager	Gleitlager
Gebläseantrieb	Keilriemen
Schmierung	Trockensumpfschmierung (getrennter Öltank) mit Saug- und Druckpumpe, Ölkühler und Ölfeinfilter im Hauptstrom
Kraftstoff-Förderung	elektrische Kraftstoffpumpe
Elektrische Anlage	12 Volt Batterie 45 Ah.
Entstörgrad	fernentstört nach VDE 0879 Teil 1
Lichtmaschine	360 W strom- und spannungsgeregelt
Zündung	Batteriezündung

Kraftübertragung

Lage des Motors im Fahrzeug	Heck hinter der Hinterachse
Kupplung	Einscheiben-Trockenkupplung
Schaltgetriebe	Porsche Sperrsynchrongetriebe
Anzahl der Gänge	5 vorwärts, 1 rückwärts
Synchronisierte Gänge	1 bis 5
Schalthebel Anordnung	neben dem Fahrersitz
Achsantrieb	spiralverzahntes Kegelradgetriebe mit Kegelradausgleichgetriebe oder Sperrdifferential
Achsenübersetzung	7 : 31, i = 4,428
Übersetzungsverhältnis	(siehe nachstehende Aufstellung)

Fahrgestell, Radaufhängung

Rahmen	
Vorderradaufhängung	Einzelradaufhängung an Querlenker und Geradeführungen
Vorderradfederung	durch Drehfederstäbe und Gummihohlfedern
Hinterradaufhängung	Einzelradaufhängung an Längslenkern
Hinterradfederung	durch Drehfederstäbe und Gummihohlfedern
Stoßdämpfer	vorn und hinten doppeltwirkende hydraulische Teleskopstoßdämpfer
Fußbremse	Scheibenbremse hydraulisch auf alle 4 Räder wirkend
Handbremse	mechanisch auf die Hinterräder wirkend
Wirksamer Bremsscheiben Ø vorn	227 mm
hinten	243 mm
Bremsbelagfläche je Rad vorn	52,5 cm²
hinten	40,0 cm²
Wirksame Bremsfläche ges.	185 cm²
Handbrems-Trommel Ø	180 mm
Wirksame Bremsfläche ges.	194 cm²
Reifen	165–15 Gürtel
Felgen	4½ J x 15
Lenkung	Zahnstangenlenkung, Lenkungsdämpfer, Sicherheitslenksäule

Lenkübersetzung	1 : 17
Tankinhalt	ca. 68 ltr.

Fahrleistungen

Höchstgeschwindigkeit	ca. 210 km/h
Leistungsgewicht (fahrbereit)	7,7 kg/PS
Kraftstoffverbrauch	11–14 ltr./100 km
Beschleunigungszeit von 0–100	9,1 sec.
von 0–160	21,9 sec.
Fahrzeit für 1 km	29,9 sec. bei stehendem Start
für 400 m	16,4 sec.

Abmessungen

Radstand	2204 mm
Spurweite vorn	1332 mm
Spurweite hinten	1312 mm
Länge	4135 mm
Breite	1600 mm
Höhe	1273 mm
Bodenfreiheit	118 mm
Wendekreis	10 m

Getriebe-Übersetzungen

5-Ganggetriebe	1. Gang (11 : 34) i = 3,09
	2. Gang (18 : 34) i = 1,83
	3. Gang (22 : 29) i = 1,32
	4. Gang (26 : 26) i = 1,0
	5. Gang (29 : 22) i = 0,758
	Weitere Zahnradpaarungen sind lieferbar.

Sonderdruck anläßlich „20 Jahre Porsche 911" 1993, WVK 190.010

W 221 Printed in Germany · Änderungen vorbehalten · August 1963 GI.

PROLOG

»Die Aufgabe war in etwa die folgende: ein Auto zu bauen, das außen kaum größer werden durfte als das bisherige Fahrzeug, aber mehr Innenraum aufweisen musste. Es sollte mit einem Motor ausgerüstet sein, der, ohne Schaden zu nehmen, in der Schlange des heutigen Großstadtverkehrs kilometerweise im Schritttempo gefahren werden kann und der die Fahrleistung des bisherigen Carrera – blitzartige Beschleunigung und eine Spitze über 200 km/h – erreicht. Darüber hinaus sollte ein zusätzlicher, von außen bequem zugänglicher Kofferraum geschaffen werden. Dazu ein Optimum an sportlicher Straßenlage, verbunden mit dem Komfort eines Gran Turismo – für die große Reise –, wobei ein gut abgestuftes 5-Gang-Porsche-Synchrongetriebe genauso selbstverständlich war wie die Forderung höchster Ansprüche an die Karosserieverarbeitung und die Beibehaltung eines erträglichen Preises.«

Mit diesen Worten beschrieb die Porsche-Presseabteilung am 9. September 1963 ein Fahrzeugkonzept, das dem Prinzip nach noch heute Gültigkeit hat. Es beschrieb seinerzeit den »Porsche 6-Zylinder 2 Liter Typ 901« und damit den Nachfolger des beim Publikum höchst erfolgreichen Typ 356, der zu diesem Zeitpunkt schon rund 16 Jahre auf dem eleganten Buckel hatte. Die Zeit war also reif für ein neues Auto, dessen Anforderungen eingangs geschildert wurden.

So fährt der Pressetext fort: »Wir glauben, dass diese sicher nicht leichte Aufgabe gelöst wurde; aber natürlich sind wir subjektiv und – wie alle Eltern – ein wenig stolz auf das ›Neugeborene‹.« Dieses wurde schon kurze Zeit später in 911 umgetauft, weil Peugeot dreistellige Typbezeichnungen mit einer Null in der Mitte erfolgreich für sich reklamierte. Porsche-Freunde sollten der Peugeot-Rechtsabteilung dankbar sein: »Elfer« geht einfach flotter über die Lippen als etwa »Nulleinser«.

Doch schon von diesem Typ 901, der den Grundstein für einen Sportwagen-Mythos legte, war Porsche voll und ganz überzeugt, wie im ersten Verkaufsprospekt zu lesen ist: »Im Gewicht und Temperament dem Carrera 2000 GS ebenbürtig, in den Endgeschwindigkeitswerten ihn noch übertreffend, wird der Typ 901 die alte Porsche-Formel ›Fahren in seiner schönsten Form‹ von Neuem beweisen. Dieses Modell stellt ein Optimum an Fahrkomfort, Straßenlage und Fahrsicherheit dar, wie es der anspruchsvolle Porsche-Kunde seit Erscheinen des ersten Porsche-Wagens gewöhnt war.«

Dieser Einschätzung schließt sich auch der Motorjournalist Reinhard Seiffert an, der im Frühjahr 1964 einen der ersten Vorserienwagen für das Magazin »auto motor und sport« testete: »Keine Frage: Der neue Sportwagen, der ab Ende August in Zuffenhausen produziert wird, ist eines der interessantesten Autos der Welt. ... In Preis und Leistung knüpft er an den Carrera 2 an, den er ablösen wird, und liegt klar über den Vierzylindermodellen. Aber man erwartet von ihm höhere Stückzahlen als vom Carrera und rechnet damit, dass viele Porsche-Käufer den Mehrpreis nicht scheuen werden, um in den Besitz dieses reizvollen Autos zu kommen. Vermutlich ist diese Rechnung richtig.« Wie recht er hatte.

Anmerkung: Im Folgenden ist von Modelljahren die Rede, die nicht gleich den Kalenderjahren sind. Die Fahrzeuge, die nach den Werksferien im Sommer gebaut wurden, tragen als Modelljahresbezeichnung bereits das folgende Kalenderjahr.

FAHREN IN SEINER SCHÖNSTEN FORM

Porsche 911 2,0 Liter
Modelljahre 1965 – 1969

FAHREN IN SEINER SCHÖNSTEN FORM

Solide Verarbeitung gediegener Materialien auf beinahe handwerklicher Basis sowie Fahrsicherheit als oberstes Konstruktionsprinzip kennzeichnen auch den Porsche 911, dessen Karosserie dank der tiefgelegten Gürtellinie große Fensterflächen aufweist, die nahezu unumschränkte Rundumsicht gewähren. Weit ausladende, feststellbare Türen erleichtern das Ein- und Aussteigen von vorn wie hinten. Auf den anatomisch konsequent durchgeformten Einzelsitzen spürt man schon im Stand, wie wichtig erst recht bei schnellen Wagen der oft vermißte Halt im Sitz ist. So wie der prozentuale Nutzraum-Anteil für Fahrer und Insassen einen Spitzenwert innerhalb der GT-Klasse darstellt, verhält es sich auch mit dem großdimensionierten Gepäckraum unter der Vorderhaube.

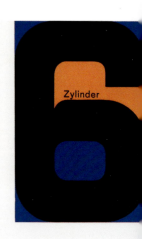

6 Zylinder

»Seit letztem Herbst liefert Porsche sein neues Automobil aus. Käufer sollten einen Waffenschein vorlegen.« Mit markigen Worten beginnt der Journalist Cay Graf von Brockdorff seinen »Fahrbericht über Deutschlands schnellsten Serienwagen, den Porsche 911«, der im März 1965 in der »Kärnt-

5 Synchronisierte Gänge

Um die blitzartige Beschleunigung des kraftvollen Sechszylindermotors, in dem die Erfahrungen der Grand-Prix-Motorenentwicklung ausgewertet wurden, uneingeschränkt nutzen zu können, bekam der 911 ein neues, vollsynchronisiertes 5-Gang-Getriebe mit der patentierten, international bewährten Porsche-Ringsynchronisation.

Mit Schwarz-Weiß-Fotografie und farbigen Tuschezeichnungen vermittelt Porsche einerseits die Eleganz des neuen Wagens, andererseits seine Alltagstauglichkeit.

ner Volkszeitung« erscheint. In der Tat: Am 14. September 1964 läuft der erste Sechszylinder-Porsche mit der Typbezeichnung 901 vom Band. Die wird, aus erwähnten Gründen, nach nur 82 gebauten Exemplaren auf 911 umgestellt, was aber nichts an der fortschrittlichen Technik des neuen Sportwagens ändert. Erfreut

FAHREN IN SEINER SCHÖNSTEN FORM

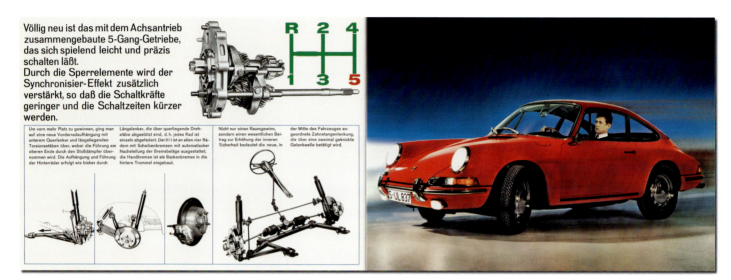

Das neue Fünfganggetriebe hat das

Schaltschema eines Rennwagens.

Der erste Gang, den Rennfahrer

meist nur zum Anfahren nutzen,

liegt links unten.

registriert Tester Brockdorff die Bemühungen der Porsche-Ingenieure um größtmögliche Sicherheit. Immerhin verfüge der neue Porsche über die »besten Scheibenbremsen, die wir jemals testeten. Der 911 hat vier davon. Wer den Wagen aus 200 km/h voll herunterbremst, muss mitfahrende Zahnprothesenträger vorher warnen, dass sie den Mund schließen.« Für den Grafen mit der blumigen Sprache ist klar: »Die Bremsen müssen so sein. Sie sind bei einem solchen Wagen so wichtig wie Fahrgestell und Motor.«

Eine Meinung, die sich bei vielen Wettbewerbern erst später durchsetzt. Bei Porsche gehört eine exzellente Bremsleistung zur Philosophie, was sich schon daran erkennen lässt, dass in den ersten Verkaufsprospekten des neuen Sechszylinders wie selbstverständlich die Bremsbelagfläche pro Rad und insgesamt in den technischen Daten vermerkt wird. Auch Paul Frère, der Anfang 2008 verstorbene Rennfahrer und Automobiljournalist, stellt in seinem ersten 911-Test für die »auto revue« fest: »Rückhaltloses

Porsche, seit eh und je die Marke der Individualisten, hat als Krönung aller Erfahrungen im Umgang mit schnellen Autos den Typ 911 geschaffen. Klar, schlicht und formschön, ohne stilistische Konzessionen an den Zeitgeschmack, präsentiert sich die attraktive Karosserie in ausgewogener Linienführung.
Auf kürzesten Nenner gebracht ist dieses Modell, das den 2-Liter-Carrera ablöst, in Leistung, Ausstattung und Fahrkomfort ein 2/2-sitziges Coupé europäischer Spitzenklasse. Die Karosserieform kann man als greifbaren Beweis dafür ansehen, daß die schöpferische Begabung auch in der dritten Porsche-Generation weiterlebt.
Dieses rassige Coupé mit seinem grazilen Äußeren stellt ein Optimum aller Eigenschaften und Vorzüge dar, die der anspruchsvolle Porsche-Kunde seit Erscheinen des ersten Porsche-Wagens gewöhnt war.

Fahren in seiner schönsten Form – auch morgen.

Selbstverständlich blieb Porsche, das Werk mit dem verpflichtenden Namen, seinem Konstruktionsprinzip treu. Auch der 911 hat ein luftgekühltes Hecktriebwerk, und zwar einen kompakten 2-Liter-Sechszylinder-Boxermotor mit einer obenliegenden Nockenwelle auf jeder Zylinderreihe und achtfach gelagerter Kurbelwelle. Zugunsten höherer Drehzahlen und größerer Leistung (130 PS bei 6100 U/m, 210 km/h Spitze) vollzog sich damit folgerichtig der Übergang vom Vier- zum Sechszylindermotor.

Der Slogan »Fahren in seiner schönsten Form – auch morgen« impliziert ein zukunftsweisendes Konzept. Dass es 45 Jahre überdauern würde, hatte damals aber wohl niemand gedacht.

Lob verdienen die Bremsen, die von erstaunlicher Wirkung und Dosierbarkeit sind und trotz Fehlen einer Servoanlage nur einen bescheidenen Pedaldruck erfordern.«

Doch im Zentrum der Berichterstattung stehen, wen wundert's, die zu diesem Zeitpunkt herausragenden Fahrleistungen. Schon der Prospekt verspricht den Käufern diese 130 PS starken Zweiliter »eine blitzartige Beschleunigung«. Den Standardsprint von null auf 100 km/h gibt Porsche mit 9,1 Sekunden an, unsere beiden Tester schaffen es nach eigenen Angaben noch ein wenig besser. Im Messprotokoll von Paul Frère stehen 8,8 Sekunden, Graf von Brockdorff notiert gar nur 8,5. Ihn erinnert nicht nur die Beschleunigung »an den Start eines Überschalldüsenjägers«, sondern auch die Geräuschentwicklung, die er wohlwollend so beschreibt: »Das Triebwerksgeräusch ist herrlich – für den, der es hören mag. Ganz leise ist das nicht.«

FAHREN IN SEINER SCHÖNSTEN FORM

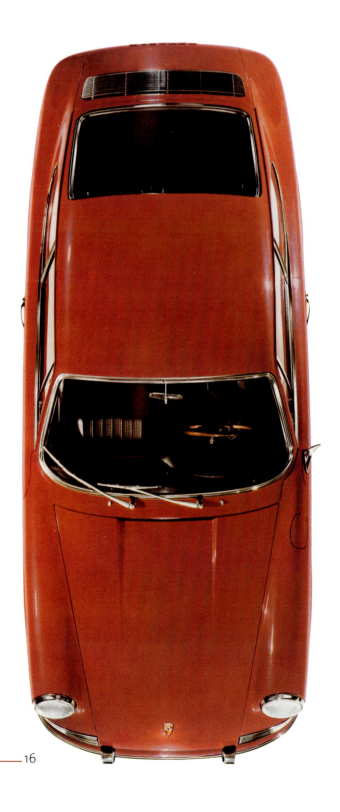

Und auch das Fahrwerk mit Einzelradaufhängung – Querlenker vorne, Schräglenker hinten – findet das uneingeschränkte Lob des Testers: »Das Fahrgestell soll dem Porsche 911 bei einer vom Werk tiefgestapelten Höchstgeschwindigkeit von 210 km/h ausreichende Sicherheit verleihen. Wir meinen, dass es getrost für weitaus höhere Geschwindigkeiten gut ist. In Verbindung mit der neuen ZF-Zahnstangenlenkung und einem gut abgestuften Fünfganggetriebe ist ein Fahrzeug von internationalem Spitzenniveau geschaffen worden.« Dabei griffen die Porsche-Leute ein wenig in die Trickkiste, um dem stark hecklastigen Wagen zu einem besseren Geradeauslauf zu verhelfen, wie Paul Frère entdeckte: »Seit einiger Zeit montiert man aber Bleigewichte von ca. 20 kg in die vordere Stoßstange. Das ist zwar keine sehr elegante Lösung, aber sie hat die Windempfindlichkeit in erheblichem Maße verringert.«

Das weiß auch Graf von Brockdorff; dennoch kommt er zu dem Schluss: »Der Wagen ist ein Wunderwerk, allerdings eines, das Charakter beim Fahrer voraussetzt.« So war wohl auch die Bemerkung mit dem »Waffenschein« gemeint. Zum Schluss eines Fahrberichts offenbart von Brockdorff gar prophetische Gaben: »Man könnte verstehen, wenn Porsche seine bisherige Fahrzeugproduktion einstellen und dieses Fahrgestell und diese Karosserie wahlweise auch mit dem kleineren Motor ausstatten würde.« So kommt es dann auch tatsächlich kurze Zeit später: Im April 1965 stellt Porsche den 912 vor, der von dem 1,6-Liter-Vierzylinder aus dem 356 SC angetrieben wird, dessen Leistung zugunsten eines besseren Durchzugs von 95 PS auf 90 PS reduziert wird.

Und kurze Zeit später kamen auch noch die Frischluftfans auf ihre Kosten. Ein reines Cabriolet erschien der Geschäftsleitung angesichts aufkeimender Sicherheitsdiskussionen in den USA – es stand ein Verkaufsverbot für Cabrios im Raum – in doppeltem Sinne zu riskant. So stellte Porsche im Herbst 1965 auf der IAA in Frankfurt den Targa vor.

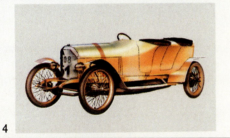

1) Lohner-Porsche-Chaise (1900)
2) Der erste Rennwagen mit 60 PS
3) Reisewagen mit gemischtem Antrieb (1905/06)
4) Austro-Daimler „Prinz Heinrich"-Typ
5) Das Stadtcoupé von 1914
6) Der 4,4-Liter-Austro-Daimler (1921)
7) Der „Sascha"-Rennwagen mit 1100 ccm
8) Daimler-Rennwagen für die Targa-Florio (1924)
9) Mercedes Typ SSK 7,1-Liter-Motor
10) Steyr 5,3 Liter Typ Austria
11) Auto-Union-Rennwagen (1934/37)
12) Der erste VW (1938/39)
13) Cisitalia Grand-Prix-Wagen 1500 ccm Vierradantrieb
14) Der erste Porsche mit 1100 ccm (1948)
15) Porsche Spyder mit vier obenliegenden Nockenwellen
16) Porsche Achtzylinder der Formel 1
17) Porsche Typ 356 C mit Scheibenbremsen
18) Porsche Carrera GTS (1964)

FAHREN IN SEINER SCHÖNSTEN FORM

Aus jeder Perspektive erfreut der Porsche 911 die Augen des anspruchsvollen Kenners. Ob der Wagen von formal-ästhetischen oder sportlichen Gesichtspunkten gesehen wird — immer wird der Betrachter feststellen: Ein Auto europäischer Spitzenklasse mit allen Vorzügen eines sportlich schnellen und komfortablen Reisewagens.

Selbstverständlich blieb Porsche seinem bewährten Prinzip treu. Auch der 911 hat ein luftgekühltes Hecktriebwerk, und zwar einen kompakten 2-Liter-Sechszylinder-Motor mit je einer obenliegenden Nockenwelle sowie je Zylinder einen Vergaser, d. h. 3 Vergaser pro Seite zu einer Einheit montiert, für die Gemischaufbereitung. In puncto Motor und Getriebe setzt dieses Auto völlig neue Maßstäbe. Das vollsynchronisierte 5-Gang-Getriebe, das optimale Anpassung an alle Fahrbedingungen ermöglicht, ist hervorragend auf die Leistung des ebenso kraftvollen wie elastischen 130-PS-Motors abgestimmt, der dem Wagen eine Höchstgeschwindigkeit von 210 km/h verleiht.

Werbung war in den 1960er-Jahren oft chauvinistisch. Die hübsche junge Dame dient dem Fotografen als Zierde, die Zielgruppe waren schließlich betuchte Männer.

FAHREN IN SEINER SCHÖNSTEN FORM

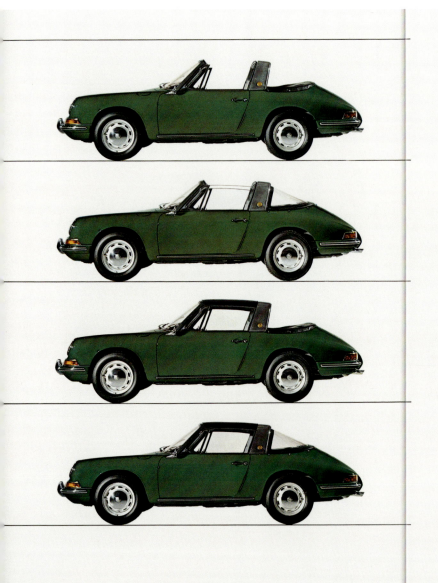

targa

Targa Florio, das traditionsreiche Langstreckenrennen in den sizilianischen Bergen, bei dem sich Porsche-Wagen seit über 10 Jahren härtesten sportlichen Zerreißproben aussetzen, sizilianischer Frühling, südliche Sonne und sommerliche Temperaturen standen Pate bei der Namensgebung dieses Modells. Last not least verbirgt sich hinter dem italienischen Wort „Targa" das deutsche Wort „Schild" und der Sicherheitsbügel stellt einen echten Schutzschild für die Fahrgäste dar.
So wie einst Scheibenbremsen und Einzelradaufhängung nur im Rennwagenbau angewendet wurden, so war bisher der Sicherheitsbügel ausschließlich bei Grand-Prix-Wagen und Prototypen zu finden.
Völlig neue Variationsmöglichkeiten, die weit über den herkömmlichen Komfort von Cabriolets hinausgehen, sind gegeben:
Die völlig offene Version, d.h. ohne Dach und mit heruntergeklappter Heckscheibe, wird karosseriemäßig geprägt durch den Sicherheitsbügel und erhält dadurch eine neue stilistische Note, ein völlig neues Gesicht. Das Auto gewährleistet ein Höchstmaß an Sicherheit und gleichzeitig alle Annehmlichkeiten eines echten, offenen Sportwagens.

Mit einem festen Dachaufsatz, der farblich auf den Lack des Wagens abgestimmt ist, wird der Targa zum Hardtop. In Minutenschnelle wird dieser Aufsatz mit einem Schnellverschluß am Sicherheitsbügel und der Windschutzscheibe befestigt. Durch die großflächige, durchsichtige Heckscheibe wirkt der Innenraum erheblich heller und freundlicher, als man dies bisher bei einem Hardtop gewohnt war.

Anstelle des festen Dachaufsatzes gibt es ein zusätzliches zusammenklappbares Schnelldach für die Reise, das bei Sonnenschein zusammengerollt im Wagen liegt und bei Wetterumsturz zwischen Bügel und Windschutzscheibe eingespannt wird.

Man kann auch die Heckscheibe am Platz lassen und ohne Dach, wie unter einem Riesenschiebedach fahren und Luft und Sonne von oben genießen, oder man läßt das Dach am Platz und löst mit einem einzigen Griff die Heckscheibe. Auf diese Weise sitzt man im Schatten und gleichzeitig im angenehmen Fahrtwind, eine Möglichkeit, die man vor allem bei extremen Hitzeverhältnissen in südlichen Ländern schätzen wird.

Der erste Targa war ein Cabrio mit Überrollbügel. Die Kunststoffheckscheibe ließ sich ebenso entfernen wie das Dach.

FAHREN IN SEINER SCHÖNSTEN FORM

Das holzgetäfelte Armaturenbrett mit völlig glatter, zudem gepolsterter Ober- und Unterkante birgt genau im Gesichtsfeld des Fahrers fünf kreisrunde, nach oben gegen Spiegelung in der Windschutzscheibe abgeschirmte Rundinstrumente, die sich mühelos überblicken lassen und sechzehn Funktionen erfüllen.
Typisch für konsequent durchdachte Kleinigkeiten ist der Stufgurt, auf Fingerdruck mit der Waschanlage koppelbare Scheibenwischer (verkehrstechnisch äußerst wichtig). Das betrifft auch die Bordzahn mit Warnleuchte, die Zeituhr mit Merkzeiger oder den besonders ruhigen Transistor-Drehzahlmesser.

Am Armaturenbrett befindet sich ein schwenkbarer Schalter für die Regelung der vorderen Frischluftzufuhr, so daß die Windschutzscheibe immer beschlagfrei gehalten werden kann, während der Innenraum durch Absaugschlitze über dem Heckfenster zugfrei entlüftet wird.
Eine andere Besonderheit des 911 sind seine zwei Heizungssysteme. Er besitzt eine Motorheizung und eine benzinelektrische Heizung, so daß man im Winter schon beim Start in ein angewärmtes Auto steigt und auch bei langsamer Fahrt, zum Beispiel im Stadtverkehr, eine wirklich ausreichende Heizleistung zur Verfügung hat.

Obwohl die Porsche-Sitze von Anfang an zu den besten serienmäßiger Autos zählten, wurden sie durch Verbreiterung noch besser als bisher. Die spielend leicht zu betätigende Sitzverstellung nach vorn und hinten sowie die bequeme Änderung der Lehnenneigung gestatten beste Adaption an das Fahrzeug, so daß selbst große Strecken ermüdungsfrei überwunden werden. Durch den vergrößerten Radstand entstand geräumiger Innenraum, der vor allem den Rücksitzen zustatten kommt. Werden diese nicht benötigt, kann auf den umgeklappten Lehnen zusätzliches Gepäck verstaut werden.

Da man beim Porsche genau im Schwerpunkt sitzt, ist die Straßenlage ausgezeichnet – selbst bei schnell durchfahrenen Kurven ist die Seitenneigung minimal – das heißt, das Fahrwerk ist der Leistung des Triebwerkes ebenbürtig. Schon im Leerlauf läßt der sonore Ton des Motors die ihm innewohnende Kraft ahnen. In 8,9 sek. ist man von 0 auf 100 km/h – 200 km/h läuft der Wagen bei 6 400 U/min. Muß man auf der Autobahn einmal auf den 4. Gang zurückschalten, beschleunigt der Wagen zügig bis zur Höchstgeschwindigkeit. Wer PS und Temperament zu zügeln weiß, wird in 911 eines Fahrerlebnisses teilhaftig, wie es nur wenige Autos vermitteln.

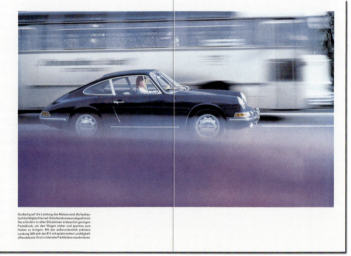

Großartig auf die Leistung des Motors sind die hydraulisch betätigten Vierrad-Scheibenbremsen abgestimmt. Sie erfordern in allen Situationen erstaunlich geringen Pedaldruck, um den Wagen sicher und spurtreu zum Halten zu bringen. Mit der außerordentlich präzisen Lenkung läßt sich der 911 mit spielerischer Leichtigkeit (Wendekreis 10 m) in kleinste Parklücken manövrieren.

22

Das zeitlose Design des 911, gezeichnet von Ferdinand Alexander Porsche, kommt in dem schön ausgeleuchteten Schwarz-Weiß-Bild besonders gut zur Geltung.

Dieses Wort erschien auch den Prospektmachern erklärungsbedürftig, und sie beleuchteten in blumiger Sprache zunächst den sportlichen Aspekt: »Targa Florio, das traditionelle Langstreckenrennen in den sizilianischen Bergen, bei dem sich Porsche-Wagen seit über 10 Jahren härtesten Zerreißproben aussetzen, sizilianischer Frühling, südliche Sonne und sommerliche Temperaturen standen Pate bei der Namensgebung.« Dabei will man aber nicht verhehlen, dass Porsche auch an die Sicherheit seiner Kunden gedacht hat: »Last, not least verbirgt sich hinter dem italienischen Wort ›Targa‹ das deutsche Wort ›Schild‹, und der Sicherheitsbügel stellt einen echten Schutzschild für die Fahrgäste dar.« Der Musiker Achim Reichel, damals als Boss der Rock-n'-Roll-Band »Rattles« bekannt, testet im April 1967 für die Jugendzeitschrift »Bravo« den Targa samt Überrollbügel und kommt zu dem Schluss: »Sicher wie ein Sturzhelm mit vier Rädern.«

DAS PORSCHE 911 KONZEPT.

DIE NEUEN PORSCHE 911.
MIT 2,2 LITER-MOTOR.

Der Porsche 911 mit neuen
Der klassische Sportwagen, dessen
von Technik und Funktion b

DIE SCHÜRZENJÄGER

Porsche 911 2,2 Liter und 2,4 Liter
Modelljahre 1970 – 1973

DIE SCHÜRZENJÄGER

Lange bevor der erste Porsche gebaut wurde, hatte sich Ferdinand Porsche schon einen Namen als Automobil-Konstrukteur gemacht.

Unter seiner Leitung entstanden so erfolgreiche Modelle wie der SSK-Sportwagen von Mercedes-Benz, Sechs- und Achtzylinder für Wanderer, Auto-Union-Rennwagen, ferner Modelle für Zündapp und NSU mit dem damals noch revolutionären Heckmotor.

Und natürlich auch der Wagen, von dem

bis heute über 12 Millionen hergestellt worden sind.

Der VW.

Der erste Porsche indes entstand im Jahr 1948: Ein Roadster mit einem 1,1 Liter Motor. Seine Karosserie bestand aus einem Gitterrohrrahmen mit Aluminiumhaut, sein Motor lag vor der Hinterachse.

Dieses Prinzip wurde nicht beibehalten, da man nicht auf Notsitze verzichten wollte. Da man aber auch nicht auf belastete Antriebsräder verzichten wollte, hatten die folgenden Modelle einen Heckmotor, von den reinen Rennwagen abgesehen.

Der Wagen, der den Namen Porsche weltweit bekannt machte, war aber der zweite Porsche: Der Porsche 356.

Auf der Genfer Automobilausstellung 1949 wurde er erstmals der Öffentlichkeit vorgestellt. Seine Fahrleistungen waren für die damaligen Verhältnisse in dieser Klasse sensationell. Er hatte 1130 ccm Hubraum, leistete bei 4000 Touren 40 PS und erreichte eine Höchstgeschwindigkeit von 150

km/h, was auch ein Resultat seiner aerodynamisch günstigen Karosserieform war.

Diese Form hatte auch der Porsche-Speedster, eine besonders sportliche Version der 356er Reihe aus dem Jahr 1952. Er hatte 1488 ccm und 55 PS (S-Modell 70 PS) und fuhr eine Spitze von 155 km/h (170 km/h). Sein Roadster-Verdeck war besonders leicht, was ihn zu einem echten offenen Wagen machte.

Später gab es den 356er auch als 1600 C mit 75 PS und einer Höchstgeschwindigkeit von 175 km/h. Und als 1600 SC mit 95 PS und

Die Entwicklung.

einer Höchstgeschwindigkeit von 185 km/h. Von ihnen wurden zusammen 16668 Stück gebaut. Davon 128 mit einem 2 Liter Carrera Motor.

Wenig später erschien der Porsche Carrera GTS Typ 904. Ein reiner Rennwagen, der einen Hubraum von 1966 ccm hatte und 180 PS bei 7200 U/min leistete. Sein Motor lag in der Mitte, seine Karosserie war aus Kunststoff.

Die Rennen, die Porsche bis zu dieser Zeit als Gesamt- oder Klassensieger gewann, gehen über Mille Miglia, Sebring, Monte Carlo, Le Mans, Spa, Monza, Targa Florio und so weiter.

In diesen harten Vergleichskämpfen wurden immer wieder andere Neuerungen am Porsche erprobt. Bewährten sie sich hier, kamen sie in die Serie.

So war dann auch der Porsche 911 ein Ergebnis all der Erfahrungen, die Porsche bis dahin im Rennsport gewonnen hatte.

Zum Beispiel wurden 1967 im Rennen erstmals die mechanische Saugrohreinspritzung im Porsche 910 erprobt, um aus dem 2-Liter-Motor eine höhere Leistung zu erzielen, ohne dabei seine Standfestigkeit zu verringern.

Sie bewährten sich – und kamen in den 911.

Oder nehmen Sie die Lenkung: Speziell für Rennwagen hatte Porsche eine dreigeteilte Zahnstangen-Sicherheitslenksäule entwickelt, um ihnen mehr Sicherheit und eine bessere Lenkgeometrie zu geben. Jetzt ist sie serienmäßig im 911.

Und als Porsche das 84-Stunden-Rennen auf dem Nürburgring mit der Sportomatic gewonnen hatte, wurde sie gleich in die Serie übernommen.

Auch die neuen Verbesserungen an den 911-Modellen resultieren zum großen Teil aus den bisherigen Rennsporterfahrungen.

Und daß man aus Erfahrungen klug wird, findet auch „auto motor und sport":

„Das von allen Seiten gern zitierte Wort von der die Serie befruchtenden Rennerfahrung dürfte bei keiner anderen Automobilfabrik mehr Gültigkeit haben als gerade bei Porsche; denn die Fähigkeit, einen der weltbesten Sportwagen zu bauen, kann man nicht am Reißbrett erlernen. Dazu gehört praktische Erprobung; und Automobilrennen sind immer noch härtere Gradmesser als der beste Provingground."

Stimmt.

Alte Porsche-Prospekte dienten nicht nur dazu, den Menschen die jeweils aktuellen Sportwagen schmackhaft zu machen. Hier wurde auch ein Stück Automobilgeschichte gelehrt.

DIE SCHÜRZENJÄGER

Das Ergebnis

Heute ist es kaum zu glauben, doch die ersten 911, wie dieser Targa, wurden mit Stahlrädern und Radkappen geliefert. Alufelgen waren extra.

DIE SCHÜRZENJÄGER

DAS FAHRWERK.

Der Porsche hat ein Fahrwerk, das selbst für Sportwagen ungewöhnlich aufwendig ist. Die einzeln aufgehängten Räder der Vorderachse werden durch Querlenker in Verbindung mit Stoßdämpfern geführt. Sie arbeiten also völlig unabhängig voneinander, was wesentlich zum komfortablen Fahren beiträgt. Dabei werden nicht nur kleine Schlaglöcher, sondern auch große Bodenwellen sehr gut von der Federung geschluckt. Die Abfederung erfolgt durch je einen längsliegend angeordneten, einstellbaren Federstab, der so raumsparend konstruiert ist, daß dadurch der Kofferraum nicht beeinträchtigt wird.

Beim 911 E werden Federung und Dämpfung durch ein hydropneumatisches Federbein übernommen, was Ihnen das Fahren noch komfortabler macht. Ein aufwendiges System von Druckkammern, Kolben und Ventilen sorgt selbsttätig für ein stets gleichbleibendes Fahrzeug-Niveau und ein konstantes Ein- und Ausfedern der Vorderräder. Unabhängig von der Beladung des Kofferraums.

Die hinteren Räder des Porsche sind ebenfalls einzeln aufgehängt. Sie werden durch Schräglenker geführt und durch querliegende Federstäbe gefedert. Die doppelt wirken-
den hydraulischen Stoßdämpfer dämpfen jede Bewegung der Radaufhängung.

Der 911 S hat serienmäßig Querstabilisatoren, die den Rädern einen noch besseren Kontakt mit der Straße ermöglichen.

So verringern sie auch bei schnellem Richtungswechsel die Seitenneigung und verhindern bei Slalom-Kurven ein Aufschaukeln.

Der 911 S erreicht von allen Porsche-Modellen die höchste Kurvengeschwindigkeit. Aber auch mit Federbeinachsen sind die Querbeschleunigungswerte des Porsche gegenüber normalen Limousinen beträchtlich hoch.

Das liegt nicht zuletzt auch an den breiten Felgen (T: 5½ Jx15, E/S: 6 Jx15), die den Abstützeffekt des Fahrgestelles verstärken, wodurch die Reifen besser Seitenkräfte aufnehmen können. Und da die Reifen nicht nur sehr groß, sondern auch sehr breit sind, liegen sie mit mehr Fläche auf und ermöglichen auch deshalb eine höhere Querbeschleunigung.

Außerdem haben große Reifen mehr Rollumfang. Deshalb können sie nicht nur Unebenheiten auf der Fahrbahn besser schlucken. Sie haben auch eine bedeutend größere Lebensdauer.

Der 911 wird auf einem Testgelände in schneller Kreisbahnfahrt fotografiert, um die Leistungsfähigkeit seines Fahrwerks zu demonstrieren.

Selbst der »Spiegel« kommt am Elfer nicht vorbei und widmet ihm eine Sechs-Seiten-Story, die zwar schon 1967 erscheint, deren Kern aber wohl für die Ewigkeit geschrieben ist: »Porsche-Fahrern erschließen sich offenbar glückliche Gefühle, die anderen Automobilisten versagt bleiben.« Mit leicht neidvollem und herablassendem Unterton fügt der Autor an: »Gleichwohl vermögen selbst Schreibgewohnte unter ihnen kaum, sie bündig zu erklären.« Eines ist aber auch dem Schreiber klar: »Über alles geht Porsche-Fahrern das Tempo.«

Dafür spricht auch der Testbericht von Horst Fried in der »Motor-Illustrierten«, in der er die Fahrt im 911 S als »Ritt auf einer Rakete« beschreibt. Schon bei seiner Vorstellung im Herbst 1966 durfte der 160 PS starke und 225 km/h schnelle S das Attribut »schnellstes deutsches Serienautomobil« für sich in Anspruch nehmen. Das gilt erst recht im Modelljahr 1970, als die Porsche-Ingenieure bei allen Elfern durch »Aufbohren«, wie man damals sagte, den Hubraum auf 2,2 Liter erhöhten und ihnen damit mehr Power einhauchten. Was Porsche im Verkaufsprospekt betont sachlich wiedergibt: »Sie sind noch schneller geworden. Und gleich dreimal: Der Porsche 911 T hat jetzt 125 PS, fährt 205 km/h und beschleunigt in 10 Sekunden

Die Rückenlehnen sind bis zur Ruhelage verstellbar und lassen sich jeder individuellen Sitzposition anpassen.

Außerdem hat der Porsche hinten noch Notsitze, die für kurze Fahrten ebenfalls eine Sitzgelegenheit bieten. Wenn Sie sie herunterklappen, haben Sie einen ebenen, 250 Liter großen Kofferraum. Vorausgesetzt, Sie brauchen noch einen.

Denn der Porsche hat seinen Kofferraum vorn. 200 Liter groß und vollausgekleidet mit Nadelfilz, damit Ihr Gepäck nicht hin- und herrutscht und durch Kanten beschädigt werden kann.

In seiner Ur-Version verfügte der 911 vorne über einen Kofferraum von 200 Liter Fassungsvermögen. Davon träumen Besitzer moderner Elfer.

von null auf 100 km/h. Der Porsche 911 E hat jetzt 155 PS, fährt 220 km/h und beschleunigt in 8 Sekunden von null auf 100 km/h. Der Porsche 911 S hat jetzt 180 PS, fährt 230 km/h und beschleunigt in 7,5 Sekunden von null auf 100 km/h.« Doch Geschwindigkeit ist nicht alles, wie gleich im Anschluss betont wird: »Aber durch den stärkeren Motor fahren die neuen Porsche nicht nur schneller. Sie fahren jetzt auch viel besser langsam. Denn durch das höhere Drehmoment ist der Motor elastischer geworden. Das heißt: Er passt sich noch besser dem Stadtverkehr an. Also brauchen Sie weniger zu schalten.« Und überhaupt nicht zu kuppeln, wenn das »Sportomatic«-Getriebe bestellt wurde, das in Fahrberichten allenthalben wohlwollende Anerkennung findet. In der »Westfälischen Zeitung« beschreibt Klaus Gerlach dieses Extra, das für 990 DM in der Aufpreisliste steht: »Eine richtige Getriebeautomatik ist diese Kombination von Drehmomentwandler, elektrischer Trennkupplung und normalem Vierganggetriebe allerdings nicht. ... Das Kupplungspedal ist nicht mehr vorhanden, die zum Schalten notwendige Trennkupplung wird betätigt, wenn man den Schalthebel anfasst.« Der Journalist H. Hoepfner rät in einem Artikel der »Hannoverschen Presse« den Skeptikern, »diese als ›automatisches Getriebe für den sportlichen

DIE SCHÜRZENJÄGER

Porsche legt Wert auf gute Bremsen und belegt dies mit einem kunstvoll retuschierten Foto, in dem der 911 den Strahl seiner Bremsleuchten hinterherzieht.

Fahrer« vorgestellte Neuentwicklung doch selbst einmal praktisch zu erproben.« Seine persönliche Erfahrung: »Dabei wirft man nämlich möglicherweise vorhandene Skepsis nicht etwa unterwegs über Bord, sondern man lässt sie schon gleich am Start zurück.«
Der Start in das Modelljahr 1972 ist geprägt durch eine neue Motorengeneration. Die 2,4-Liter halten Einzug im Heck des 911. Die Hubraumvergrößerung wurde vor allem deshalb notwendig, um den verschärften Abgasgesetzen in den USA zu entsprechen. Eine niedrigere Verdichtung ermöglicht die Verwendung von bleifreiem Normalbenzin. Porsche verspricht dennoch im Katalog: »Sein 6-Zylinder ist jetzt noch elastischer und spurtstärker.« Das bestätigt der Motorjournalist Manfred Jantke in einem ersten Testbericht in »auto motor und sport« über den neuen 911 S, den er wegen seiner Spoilerlippe am Bug als »Schürzenjäger« bezeichnet: »Entgegen allen Unkenrufen zeigte sich die Maschine von beeindruckender Kraft und Lebendigkeit.« Sein Fazit: »Man muss über die Leidenschaftlichkeit eines Maulesels verfügen, um sich vom Porsche 911 S nicht beeindrucken zu lassen.« Jantke ist beeindruckt und wird, aller Kritik über die »veraltete Heckmotorkonzeption« zum Trotz, wenige Jahre später Pressechef von Porsche.

Der Hubraum wird vergrößert,

die Verdichtung zurückgenommen.

So ergibt sich eine Leistungssteigerung,

und der 911 kommt dennoch mit

Normalbenzin aus.

Sein 6-Zylinder Hochleistungstriebwerk ist jetzt noch elastischer und spurtstärker.

Waren schon die 2,2 l-Motoren in ihrer Leistung hervorragend, so haben die 2,4 l-Motoren an Elastizität noch gewonnen. Das heißt, die Porsche 911 sind noch stadttauglicher geworden und beim Überholen noch spurtstärker.

Den Porsche 911-Motor gibt es in drei Versionen. Der Porsche 911T mit 130 PS und 2 Dreifach-Vergasern (also ein Vergaser pro Zylinder). Die Porsche 911 E und 911 S mit 165 PS bzw. 190 PS und mechanischer Saugrohreinspritzung.

Am technischen Aufbau der drei Motorversionen hat sich nichts geändert. Die 6 Zylinder-Boxermotoren sind luftgekühlt und je eine obenliegende Nockenwelle pro Zylinderreihe steuert über Kipphebel die V-förmig angeordneten hängenden Ventile. Die geschmiedete, achtfach gelagerte Kurbelwelle sorgt für einen vibrationsfreien Lauf. Eine Trockensumpf-Schmierung garantiert die gleichmäßige Versorgung aller Schmierstellen mit Öl.

Durch das niedrige Verdichtungsverhältnis kommen die Porsche 911 jetzt mit bleifreiem Normalbenzin aus (91 ROZ). Und entsprechen heute schon den Forderungen nach Abgasentgiftung.

Alle Porsche-Motoren sind robuste Triebwerke mit hohen Drehzahlreserven und niedrigen Kolbengeschwindigkeiten. Sie vertragen risikolos stundenlange Höchstgeschwindigkeiten und sind durch einen Drehzahlbegrenzer vor dem Überdrehen gesichert. Daraus erklärt sich geringer Verschleiß und die hohe Lebensdauer der Porsche Motoren.

Auch Komfort ist für den Porsche kein Luxus.

Über all den Rennerfolgen vergißt man leicht, daß die Mehrheit aller Porsche im Alltagsverkehr gefahren werden. Weshalb sie auch in der großzügigen Ausstattung so komfortabel sind wie teure Reiselimousinen. Der Innenraum und die Armaturen sind streng funktionell gestaltet. Die Bedienungselemente sind schnell und mühelos zu erreichen und alle Kontrollarmaturen liegen blendfrei im Blickfeld.

Fahrer und Beifahrer haben im Innenraum ungehinderte Bewegungsfreiheit. Die anatomisch richtig geformten Vordersitze liegen im Schwerpunkt des Wagens. Durch ihre Schalenform geben sie dem Fahrer Seitenhalt, damit er sich in scharf gefahrenen Kurven nicht am Lenkrad festhalten muß. In diesen Sitzen wird man auf längeren Strecken feststellen, wie angenehm das Fahren in einem Porsche ist.

Durch den Heckmotor war es möglich, den Porsche mit zwei Zusatzsitzen auszustatten. Klappt man die Lehnen dieser Sitze herunter, so entsteht ein Gepäckraum mit ca. 235 l Inhalt. Er ist eine praktische Ergänzung zum vorderen Kofferraum, der durch die raumsparende Vorderachse 200 l abschließbaren Gepäckraum bietet. Voll ausgekleidet mit Nadelfilz, damit Ihr Gepäck nicht hin- und herrutscht und nicht an den Kanten beschädigt wird.

Bei allen Vorzügen ist der Porsche für viele Autofahrer nichts weiter als ein schicker Wagen, der auf der Autobahn alles hinter sich läßt. Mehr nicht. Daß der Porsche mehr ist – vielleicht eine automobiltechnische Welt für sich – läßt sich nur erkennen, wenn man ihn fährt. Z. B. zunächst einmal bei Ihrem Porschehändler zur Probe.

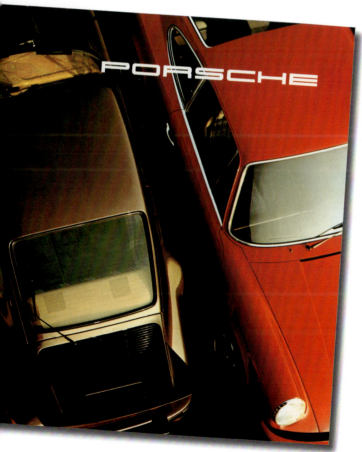

KRAFTMASCHINE

Porsche 911, 911 S, Carrera, Turbo
(G-Modelle, 2,7 Liter und 3,0 Liter)
Modelljahre 1974 – 1977

KRAFTMASCHINE

»Er hat Mumm wie Jupp Heynckes im Schussbein und den rauen Charme von Jean-Paul Belmondo. Sein Erscheinungsbild prägen die neuen Sicherheitsstoßstangen, beachtliche innere Werte sind nach wie vor Zuverlässigkeit, Temperament, Sicherheit und solide Verarbeitung.« So begrüßt Rudolf

Die 1970er-Jahre, wie sie leiben und leben: Klare, leuchtende Farben dominieren auch bei den neuen Porsche-Sportwagen.

Urban von der »tz« in München das Modelljahr 1974 des Porsche 911, dessen Blechkleid die im Wortsinne markantesten Änderungen seiner bisherigen Bauzeit erfahren hat. Den Anlass hierfür lieferten verschärfte Sicherheitsanforderungen im für Porsche lebenswichtigen Exportmarkt USA: Die wuchtigen, kastenförmigen

KRAFTMASCHINE

Warum in die Ferne schweifen? Die Fotografie für den neuen Prospekt wird weitgehend auf Porsche-eigenem Gelände erledigt – auf der Teststrecke im Porsche-Entwicklungszentrum Weissach und im Vertriebszentrum in Ludwigsburg.

Wenn wir so sorgfältig arbeiten – warum brauchen wir dann so viele Kontrolleure?

In jedem Industrie-Unternehmen befaßt sich ein Teil der Mitarbeiter mit Aufgaben der Material-, Fertigungs-, Qualitäts- und Funktionskontrolle. Natürlich schwankt der Prozentsatz von Branche zu Branche. Aber im Schnitt kann man wohl sagen: Zehn bis zwölf produzieren, einer kontrolliert. Bei Porsche entfällt schon auf sieben Produktive ein Prüfer. Doch nicht nur das mathematische Verhältnis zwischen Monteur und Kontrolleur ist bei uns besser, sondern auch das menschliche. Je höher jemand das Gefühl für Genauigkeit und Präzision entwickelt hat, umso weniger wird er einen Kontrolleur als Aufpasser empfinden. Eher als Freund und Kollegen, der die gleichen hohen Maßstäbe anlegt und der dem einen hilft, die Verantwortung für die gemeinsame Arbeit zu tragen. Nur wer ständig Vollkommenes schaffen will, weiß, daß er allein dafür nicht vollkommen genug ist. Jeder bei Porsche sieht das ein – gleichgültig, ob er Angestellter ist oder Arbeiter.

Monteur und Kontrolleur, Macher und Prüfer, Praktiker und Theoretiker sind bei uns alle gleichrangige Partner im Dienst der gleichen Sache.

Und die heißt: Porsche-Perfektion.

Der Porsche Carrera. Das Spitzen-Modell im Porsche-Programm. 2,7 Liter, 6 luftgekühlte Zylinder. Mechanische Saugrohr-Einspritzung wie im Renn-Carrera.
210 PS bei 6300 U/min, 5,2 kg/PS.
0–100 in 6,3 sec, 100–0 in 3,2 sec.
Spitze 245 km/h, DIN-Verbrauch 10,8 l Normalbenzin.
Serienmäßig mit 4-Gang-Getriebe.

Stoßstangen mit den seitlichen Faltenbälgen verkraften nun Stöße bis fünf Meilen pro Stunde (8 km/h), ohne dass die Karosserie in Mitleidenschaft gezogen würde. Wie immer, wenn es um Design geht, sind die Meinungen geteilt. Der »tz«-Reporter hält die Stoßstangen für eine stilistische und alltagstaugliche Bereicherung: »Parkbeulen gibt es nicht mehr. Und der Wagen sieht von vorne rassiger, flacher aus.« Der »auto motor und sport«-Testredakteur Klaus Westrup ist vollkommen anderer Meinung: »Stilistisch haben die beiden Porsche-Enden vorne und hinten nicht unbedingt gewonnen – es sei denn, man würde einen sicherheitsbetonten Anzug für eine optische Aufwertung halten.«

Beim technischen Fortschritt sind sich die beiden Autotester jedoch einig. »Porsche ruht sich nicht auf seinen Lorbeeren aus. Ein Blick auf die G-Modelle zeigt, dass der Stuttgarter Automobil-Weltmeister mit der Zeit geht«, meint Rudolf Urban. Westrups erstes Resümee lautet: »Womöglich könnte ein 911 im Basis-Stil gar nicht mehr gebaut werden, weil ihn so keiner mehr haben wollte. Heute, und so, wie er ist, will man ihn dagegen mehr denn je.« Maßgeblich zur Attraktivität des neuen Jahrgangs trägt die neue Motorengeneration bei. Ihr Hubraum ist inzwischen auf 2,7 Liter geklettert; dafür kommt sie mit Normalbenzin aus – egal ob das Aggregat nun im Basis-911 (150 PS) im 911 S (175 PS) oder im Car-

KRAFTMASCHINE

Ein bisschen Chrom darf auch bei einem Sportwagen sein. Der Targabügel wurde erst später schwarz eloxiert.

KRAFTMASCHINE

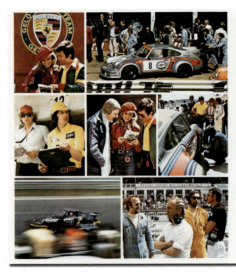

Seine Aktivitäten im Rennsport begründet Porsche stets mit dem Nutzen, der daraus für die Serie gezogen wird.

rera (210 PS) arbeitet. Weshalb das Schweizer Magazin »Powerslide« dem Elfer das vielsagende Prädikat »Supersparer« verleiht.

Normal oder Super, beides wird knapp in einer Zeit, als arabische Ölscheichs beschließen, ihren Exportschlager als politische Waffe einzusetzen. So verhängen sie gegen die USA wegen deren israelfreundlicher Haltung im Jom-Kippur-Krieg ein Lieferembargo, und auch die westlichen Industrieländer werden kurzgehalten. Die Bundesrepublik wird von dem Boykott hart getroffen, da sie ihren Energiebedarf zu 55 Prozent mit importiertem Erdöl deckt. 75 Prozent dieser Rohöleinfuhren stammen aus arabischen Ländern. Der Bundestag verabschiedet daher am 9. November 1973 ein Energiesicherungsgesetz, das unter anderem Sofortmaßnahmen zur Energieeinsparung vorsieht. Auf dieser gesetzlichen Grundlage verfügt Bundeswirtschaftsminister Hans Friderichs (F.D.P.) ein Fahrverbot für vier Sonntage im November und Dezember 1973. Darüber hinaus werden die Höchstgeschwindigkeit auf Autobahnen und Landstraßen gesenkt und die Abgabemengen für Treibstoff begrenzt.

KRAFTMASCHINE

PORSCHE 911
Wer vom Porsche spricht, meint in aller Regel den 911, unser Basis-Modell, den »Porsche an sich«.
Einen 911 gab es bereits 1964 – und er sah damals kaum anders aus als heute. Er war nicht nur fast ebenso schön – er war auch fast ebenso schnell: 210 km/h.
Was also haben wir seither getan?
Elf Jahre Modellkonstanz, das heißt elf Jahre Feinarbeit am Detail, kaum zu sehen, aber sofort zu spüren. Eine Vergleichsfahrt von nur wenigen Minuten Dauer würde Ihnen den entscheidenden Unterschied deutlich machen. Im Porsche von heute erscheint Ihnen das gleiche Tempo nur halb so schnell – und halb so anstrengend. Die gleiche Leistung fällt bei Drehzahlen an, die um ein Drittel niedriger liegen. Das höhere Drehmoment erlaubt längere Getriebeübersetzungen und macht den Motor elastisch. Man muß viel seltener schalten. Und – es ist wesentlich leiser geworden im Porsche.
Doch ein paar Minuten reichen nicht aus, um alle Ergebnisse von elf Jahren Arbeit zu erfühlen und zu erfahren. Sie rollen gut 600 Kilometer bis zum nächsten Tank-Stop an einer »Normal«-Zapfsäule. 20 000 Kilometer lang braucht Ihr Porsche keinen Ölwechsel und keine Inspektion. Und die einjährige Garantie gilt auch dann, wenn Sie in dieser Zeit 50 000 Kilometer oder mehr zurücklegen.
Ja – Porsche-Fahren ist heute wirtschaftlicher als je zuvor, denn der Porsche geht schonend um mit dem Material, mit dem Treibstoff, mit seinen Insassen und mit seiner Umwelt. Er ist »feiner« geworden – aber robust geblieben. Er hat viel an Komfort gewonnen – aber nichts von seiner Sportlichkeit verloren.
Er ist – wie eh und je – exclusiv. Und dabei so alltagstauglich und verkehrsgerecht wie kein anderer seiner Klasse. Autokenner in aller Welt behaupten, daß er zeitlos sei. Wir meinen, daß er zeitgemäß ist. Und wir kümmern uns darum, daß er seiner Zeit immer ein paar gute Ideen voraus ist.

Im Stil der Zeit werden die Autos gerne in einem natürlichen Umfeld fotografiert. Dabei ist der 911 kein Auto für Blümchenpflücker.

Für Porsche kein Grund, in die Defensive zu gehen, sondern realistisch, aber dennoch selbstbewusst im Verkaufsprospekt der neuen 911-Generation Stellung zu beziehen: »Wer bisher einen Porsche kaufte, wurde bestimmt von vielen beneidet. Wer jetzt einen Porsche kauft, wird vielleicht von manchen belächelt. Oder sogar kritisiert. Denn Autos sind heute unter Beschuss geraten – und sportliche Autos erst recht. Aber sollte man deshalb darauf verzichten, seinen Porsche-Wunschtraum wahr zu machen? Nein, warum auch? Jeder sieht die Probleme, die wir mit dem Auto haben. Doch niemand ermisst, wie viel größere Probleme wir ohne Auto hätten. Zum Auto gibt es nämlich noch keine brauchbare Alternative. Und zum Porsche schon gar nicht.«
Dieser Meinung ist auch Bert Hupts, der für die »Heilbronner Stimme« den neuen Carrera zur Probe fuhr. »14 Tage vor Einführung des Jedermann-Tempos«, wie er halb jubelnd, halb klagend in seinem Fahrbericht erwähnt, in dem er feststellt: »Der schnellste Serienporsche ist ein (fast) vollkommenes Auto.« Nicht nur

Pferde, so weit das Auge reicht. Auch unter dem wuchtigen Heckdeckel des Turbo scharren sie mit den Hufen.

Motor, Fahrwerk und Sicherheit werden gelobt: »Auch beim Interieur spürt man des Herstellers Liebe zum Detail. Das Cockpit, von Unbedarften immer noch Armaturenbrett genannt, lässt nichts zu wünschen übrig. Es hat die beste Anordnung von Instrumenten, Hebeln und Schaltern, die ich kenne. Dazu gehört auch das kunstlederbezogene Sicherheitslenkrad mit seiner durchdachten Hebelei. Die Sitze gehören zum Besten, was je unter dem Unaussprechlichen eines Autofahrers anzutreffen war, anatomisch richtig geformt mit Seitenhalt, Voraussetzung für ein ermüdungsfreies Fahren über längere Strecken.«

Doch dieser Langstreckenkönig bekommt bald Konkurrenz aus dem eigenen Haus, wie der bereits erwähnte Automobiljournalist Jantke, inzwischen Porsche-Pressechef, den »sehr geehrten Herrn Kollegen« im September 1974 schriftlich mitteilt: »Die Firma Porsche wird ihrem Modellprogramm eine neue Krone aufsetzen. Auf dem Pariser Autosalon hat

KRAFTMASCHINE

Selbst für das »Fahren« in seiner schönsten Form« gibt es noch eine Steigerung: Offen fahren im Porsche Targa. Mit wenigen Handgriffen ist das stabile Faltdach abgenommen, platzsparend zusammengelegt und im Auto verstaut. Jetzt steht Ihnen der Himmel offen.
Alle Porsche-Modelle haben eine beheizbare Heckscheibe. Auch der Außenspiegel kann während der Fahrt nicht mehr beschlagen oder vereisen. Sobald Sie die Heckscheibenheizung einschalten, wird gleichzeitig der Spiegel elektrisch beheizt. Außerdem ist er per Fernbedienung von innen einstellbar.

Benzineinfüllstutzen und Wassereinfüllstutzen des 8,5-Liter-Tanks für die Scheiben- und Scheinwerfer-Reinigung liegen unter derselben Klappe. Ein »Lätzchen« schützt den Porsche-Lack vor Kratzern und Spritzern.

Im Porsche müssen sie hoffentlich niemals abgeschleppt werden. Natürlich hat er aber für alle Fälle eine Befestigungsöse für das Schleppseil. Als »Kavalier der Straße« machen wir es Ihnen aber leicht, andere zu ziehen. Mit wenigen Handgriffen haben Sie an Ihrem Porsche hinten den Abschlepphaken befestigt.

Bei Bedarf wird die Platzreifen des platzsparenden Notrades von dem elektrischen Kompressor aufgepumpt. Höchstgeschwindigkeit für die Pannen-Bereifung: 160 km/h.

Technische Daten:
2,7 l Hubraum, 165 PS, 121,5 kW bei 5800 U/min, max. Drehmoment 24 mkp bei 4000 U/min, Beschleunigung 0–100 km/h in 7,8 Sekunden, Höchstgeschwindigkeit über 210 km/h.

Serien-Ausstattung:
Coupé oder Targa, 4-Gang-Getriebe, Leichtmetallräder (Druckguß) 6 J x 15 mit Reifen 185/70 VR 15, Stabilisator, Sitze und Innenausstattung wahlweise in Stoff oder Kunstleder, Teppich in Spezialvelours, Scheibenwischer mit 3 Geschwindigkeiten, stufenlos regulierbarer Intervallschalter, von innen elektrisch verstellbare und beheizbare Außenspiegel, beheizbare Heckscheibe (im Targa zweiteilig und getönt), beleuchteter Tür-, Zündschlüssel, Außenspiegel im Wagenfarbe.

Eine Auswahl an Mehrausstattung:
Ganzleder-Ausstattung
elektrisches Schiebedach
Sportlenkrad
Klimaanlage
automatische Heizungsregulierung
5-Gang-Getriebe
3-Gang-Sportomatic-Getriebe
automatische Geschwindigkeitsregulierung (Tempostat)
Ölstand- und Öldruck-Anzeige
getönte Verglasung
elektrische Fensterheber
Nebelscheinwerfer
Nebelschlußleuchte
Scheinwerferreinigungsanlage
Heckscheibenwischer
u. v. m.

Getriebe

Serienmäßig sind alle Porsche-Modelle mit einem Viergang-Getriebe ausgerüstet, dessen ideale Abstufung in jeder normalen Fahrsituation ausreicht, die Kraft des Motors voll zu nutzen.
Für solche Fahrer jedoch, die ihren 911 oder Carrera auch im Motorsport einsetzen oder »einfach so« ständig im optimalen Drehzahlbereich bewegen wollen, liefern wir auf Sonderwunsch ein Fünfgang-Getriebe, natürlich ebenfalls mit der in aller Welt gerühmten und von vielen anderen Automobil-Herstellern übernommenen Porsche-Sperrsynchronisierung.
Wer häufig in dichtem Verkehr unterwegs sein muß, wo man ständig ein- und auskuppeln muß, genießt Porsche-Fahren kein ganz reines Vergnügen mehr ist, für den bringt die Sportomatic eine willkommene Entlastung. Zunächst allerdings wirft sie bei jedem, der sie nicht kennt, eine Frage auf: Kann Sportomatic sportlich sein?
Dazu eine kurze Erklärung:
Natürlich ist sportliches Fahren etwas mehr als nur Gasgeben und Lenken. Und deshalb ist unsere Sportomatic auch etwas weniger ein vollautomatisches Getriebe: es ist eine Halbautomatik ohne Kupplungspedal, aber mit Schaltgetriebe. Dies können Sie schalten, wenn Sie wollen, aber Sie müssen nicht, wenn Sie nicht mögen. Das macht die Sportomatic einerseits so »schnell«, daß wir schwerste Rennen damit gewonnen haben, z. B. die materialmordenden 84 Stunden auf dem Nürburgring. Andererseits bringt die Sportomatic fast die gleiche Fahrerleichterung wie die Vollautomatik, nur ohne deren Nachteile: das unbeabsichtigte, zu frühe Hochschalten beim Gaswegnehmen und das späte Zurückschalten, wenn mehr Leistung benötigt wird.

Gemacht und gedacht ist die Sportomatic für die Schattenseiten des täglichen Straßenverkehrs, für solche Verkehrssituationen also, die gerade dem sportlichen Fahrer den Spaß am Autofahren verderben können: das Bummeltempo während der rush-hour, das Kolonnenschieben von Ampel zu Ampel, das ständige Stop-and-Go im Stau auf der Autobahn. In Situationen, wo man sonst dauernd ein- und auskuppeln muß, genügen jetzt Gas und Bremse. Die Sportomatic macht den Porsche also nicht unsportlicher, sondern alltagstauglicher, verkehrsgerechter, sicherer, handlicher und langlebiger. Denn sie schont nicht nur Ihre Nerven, sie schont auch Ihren Porsche: bei Wagen mit Schaltgetriebe beansprucht nämlich jeder Lastwechsel den Antrieb und die Kraftübertragung. Bei der Sportomatic dämpft der hydraulische Wandler diese Stöße und schluckt sie sanft und verschleißarm. Damit sind wir bei der Technik. Die Sportomatic ist eine Kombination von mechanischem 3-Gang-Getriebe mit hydraulischem Drehmomentwandler, verbunden durch eine Unterdruckservobetätigte Kupplung, die die Kraftübertragung automatisch trennt, sobald Ihre Hand den Schalthebel bewegt.

So schalten Sie noch schneller und viel schonender als bisher, wenn Sie volle Beschleunigung ausnützen, blitzschnell überholen oder mit dem Motor bremsen wollen. Wenn Ihnen jedoch gerade nicht nach Sportlichkeit zumute ist, legen Sie einfach nach der geeigneten Fahrstufe 1, 2 oder 3 ein und vergessen die Schalterei. So können Sie sich voll und ganz auf den Verkehr konzentrieren und haben immer beide Hände am Lenkrad. Falls Sie trotzdem leidenschaftlich gerne schalten: Im Sportomatic-Porsche kann man's tun oder lassen, wie man gerade möchte.

Deshalb sind heute schon viele Porsche-Käufer der Meinung: Erst »sportomatisch« fahren ist wirklich »Fahren« in seiner schönsten Form– Vergleichen Sie kritisch – und entscheiden Sie selbst!

Praktisch, zuverlässig und alltagstauglich präsentiert Porsche seinen Sportwagen. Für den Stadtverkehr wird das halbautomatische Getriebe »Sportomatic« empfohlen.

Als Ableger eines Rennwagens wird der 911 Turbo präsentiert.

der ›Porsche Turbo‹ Premiere, ein Spitzenmodell, das den Leistungsstand und die Fortschrittlichkeit der Porsche-Technik dokumentiert.« Die von Jantke einst gescholtene »veraltete Heckmotorkonzeption« präsentiert sich jünger und kraftvoller als je zuvor – mit 260 Turbo-PS aus drei Litern Hubraum. Und nicht nur die schiere Leistung ist beeindruckend, wie Gert Hack in »auto motor und sport« feststellt: »Die walzenähnlichen Reifen, die überbreiten Kotflügel, der serienmäßige Frontspoiler, vor allem jedoch der ausladende Heckflügel sichern ihm ein ungewöhnliches Maß an Beachtung.« Noch unter dem Eindruck von Ölkrise und Tempolimits kommentiert Hack: »Ohne Frage hat Porsche mit dem Turbo in Laufkultur und Leistung neue Maßstäbe gesetzt, und die technische Leistung, die der Turbo verkörpert, spricht nicht nur für Porsche, sie spricht für den deutschen Automobilbau und für das leistungsfähige Auto schlechthin. Es wäre schade, wenn Krisen, gesetzliche Auflagen oder anderweitige Beschränkungen solche Entwicklungen in Zukunft verhindern würden.«

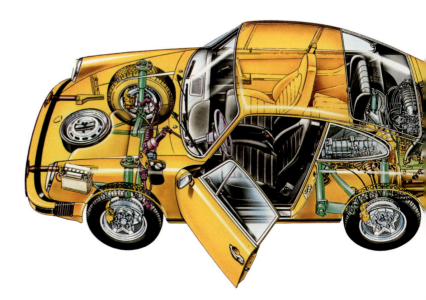

KRAFTMASCHINE

PORSCHE Carrera

Carrera – dieser Name erinnert an das längste und härteste Straßenrennen der Welt, bei dem einst Hans Herrmann, Fürst Metternich und José Herrarte auf Porsche Triumphe feierten: Die Carrera Panamericana.
Mehrere Porsche-Modelle haben seit damals den Namen Carrera getragen, und fast immer waren es entweder reine Rennautos oder zumindest betont sportliche, auf hohe Leistung gebrachte Straßenfahrzeuge. Zum Beispiel:
Der 904 Carrera GTS Vierzylinder mit Kunststoffkarosserie, der uns 1964 den GT-Weltmeisterschaftstitel bis 2 Liter einbrachte.
Der Carrera 6 mit 210-PS-Sechszylinder-Motor, der 1966 den Gesamtsieg bei der Targa Florio errang.
Der Carrera RS mit dem charakteristischen Heckspoiler, von dem 1972/73 500 Stück in Straßenversion verkauft wurden, um ihn für den Motorsport der Gruppe 4 zu homologieren.
Der Carrera 2,7 l, die Weiterentwicklung des RS und Spitzen-Typ im Porsche-Programm der Modelljahrgänge 1974/75.
Der Carrera 3,0 l nun, das neue Modell, um das es hier geht, ist der erste Carrera, bei dem nicht nur die Sportlichkeit an oberster Stelle steht, sondern auch der Komfort. Doch für »alte« Carrera-Freunde besteht deshalb kein Grund zur Traurigkeit: die Leistung kommt deswegen nicht zu kurz. Unverändert geblieben ist die Beschleunigung von 0 auf 100 km/h: 6,3 Sekunden. Verbessert hat sich der Wert für die Beschleunigungsprüfung von 40 bis 160 km/h im direkten Gang: Beim 2,7 Liter beträgt er 34,2 Sekunden, beim 3,0 Liter nur 30,9 Sekunden. Elastizität und Durchzugsvermögen haben also spürbar zugenommen. Das einzige, was abgenommen hat, sind die Geräusche dank niedrigerer Drehzahlen, der Benzinverbrauch – dank der K-Jetronic – und der »Arbeitsaufwand« für den Fahrer. Dazu trägt die Charakteristik des bulligen 3-Liter-Motors ebenso bei wie die Komfort-Ausstattung im Cockpit.

50

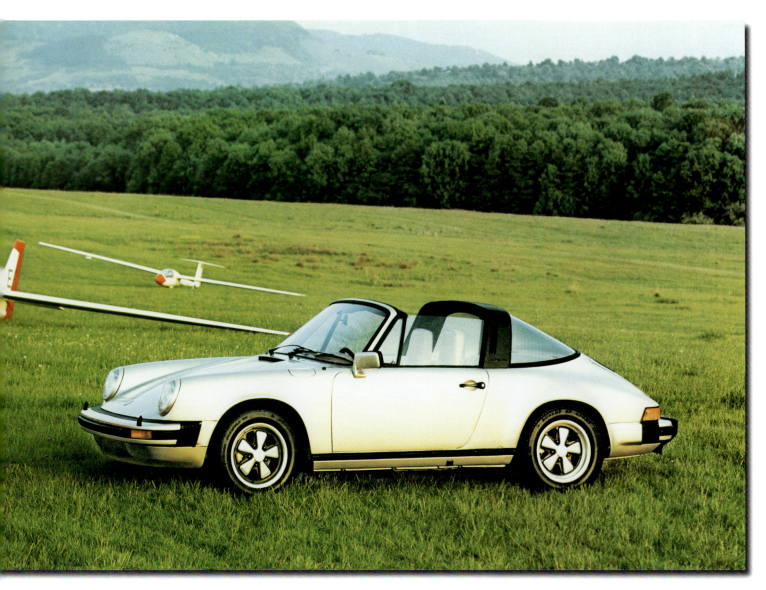

Da fragt sich der eingefleischte Porsche-Fan: Ist Fliegen nun wirklich schöner?

DER EWIGE RENNER

Porsche 911 SC, 911 Carrera, 911 Turbo
Modelljahre 1978 – 1988

DER EWIGE RENNER

Porsche 911 SC
Der Klassiker unter den erfolgreichsten Sportwagen der Welt

Fast schon Legende – und doch aktuellste, zukunftsorientierte Gegenwart: das ist der Porsche 911!
Seit 1964 in Produktion, verließen bisher über 130.000 Exemplare dieser Baureihe das Porsche-Werk Zuffenhausen – wenig genug, um den Charakter des Exklusiven zu wahren, genug jedoch, um in kleiner Serie jenen höchsten Grad vollkommener Reife zu erlangen, der einen Porsche von anderen Sportwagen abhebt.
Als ein Modell, das – als Wunsch wie als Wagen – von Jahr zu Jahr stärker wird, präsentiert sich der 911 SC heute auf dem bisher höchsten Gipfel seiner Perfektion und seiner Potenz: 180 PS/132 kW aus drei Litern Hubraum – einen so leistungsfähigen 911 hat es noch nie gegeben. Hier die wichtigsten Unterschiede zum Vorgängertyp als zusammengefaßte Übersicht: Der Hubraum-Zuwachs von 300 auf jetzt 2994 Kubikzentimeter hebt die Maximal-Leistung um 15 PS, verbessert die Beschleunigungszeit aus dem Stand auf 100 km/h um eine halbe auf insgesamt sieben Sekunden und steigert die Spitzengeschwindigkeit auf über 220 km/h.
Doch diese sportlichen Zugaben sind nur Nebenprodukte des angestrebten Komfort-Ziels: Noch mehr Elastizität, noch mehr Durchzugsvermögen aus niedrigen und mittleren Drehzahlen für noch gefahrloseres Einfädeln und Überholen. Die Drehmomentkurve verläuft sehr flach und erreicht ihr Maximum von 27 kpm/265 Nm bei 4200 U/min (Modell 77: 24 kpm/235 Nm bei 4000 U/min). Über den gesamten nutzbaren Drehzahlbereich von 3000 bis 6000 U/min stehen mehr als 22 kpm zur Verfügung. Bei nur 5500 U/min liefert der Motor seine Leistungsspitze von 180 PS/132 kW und schont damit sich selbst und seine geräuschempfindliche Umwelt (Modell 77: 165 PS/121 kW bei 5800 U/min). Das jetzt serienmäßige Fünfgang-Getriebe gestattet zwischen optimal sportlicher und optimal wirtschaftlicher Gangart jede beliebige Wahl.
Das Fahrwerk ist bei Porsche immer um ein gutes Stück »schneller« als der Motor: im 911 SC bringen – unter verbreiterten hinteren Kotflügeln – Hochgeschwindigkeitsreifen der Dimension 185/70 VR 15 auf der Voderachse und 215/60 VR 15 auf der Hinterachse die jeweils eingesetzte Leistung sicher auf den Boden. Auf Wunsch sind jetzt auch die superbreiten, ultraniedrigen Serie-50-Reifen des Porsche Turbo für den 911 SC erhältlich: vorn 205/55 VR 16, hinten 225/50 VR 16 auf geschmiedeten 6- bzw. 7 J x 16 Leichtmetallfelgen.
Stabilisatoren vorn und hinten sind ebenso serienmäßig wie die Zweikreis-Bremsanlage mit vier innenbelüfteten Bremsscheiben und Bremskraftverstärker.
Neue, aparte Farben bringen Rasse und Reiz dieser zeitlosen Sportwagen-Attraktion noch wirkungsvoller zur Geltung und bestätigen auf ästhetische Weise die Richtigkeit der Porsche-Langzeit-Philosophie.

Verwandtschaftsverhältnisse dokumentiert der Katalog des 911 SC, in dem nicht nur Coupé, Targa und Turbo gezeigt werden, sondern auch Rennwagen sowie die Transaxle-Sportwagen 924 und 928. Letzterer soll den 911 langfristig beerben.

»Im Zuge der Modellpflege wurde die 911-Typenreihe gestrafft und erneut aufgewertet. Neu im Programm ist der Porsche 911 SC (3,0 l – 180 PS), der die beiden Typen 911 und Carrera zukünftig ersetzen wird. Überarbeitet präsentiert sich der Porsche Turbo, dessen Hubraum von 3,0 l auf 3,3 l angehoben wurde.« Mit diesen Worten kündigt die Porsche-Presseabteilung das Modelljahr 1978 des Hauses an. Dieses besteht längst nicht mehr nur aus Heckmotorsportwagen, wie wir aus dem Pressetext erfahren: »Nach seiner Erfolgspremiere im Jahre 1975 geht der Porsche 924 nunmehr in sein drittes Modelljahr. Das ausgereifte und zukunftsorientierte Konzept dieser Typenreihe ist, wie die Verkaufszahlen

DER EWIGE RENNER

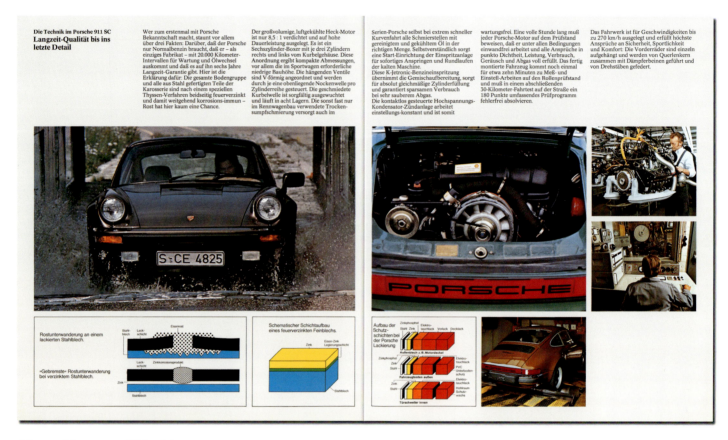

**Die Technik im Porsche 911 SC
Langzeit-Qualität bis ins letzte Detail**

Wer zum erstenmal mit Porsche Bekanntschaft macht, staunt vor allem über drei Fakten: Darüber, daß der Porsche nur Normalbenzin braucht, daß er – als einziges Fabrikat – mit 20.000 Kilometer-Intervallen für Wartung und Ölwechsel auskommt und daß es auf ihn sechs Jahre Langzeit-Garantie gibt. Hier ist die Erklärung dafür: Die gesamte Bodengruppe und alle aus Stahl gefertigten Teile der Karosserie sind nach einem speziellen Thyssen-Verfahren beidseitig feuerverzinkt und damit weitgehend korrosions-immun – Rost hat hier kaum eine Chance.

Der großvolumige, luftgekühlte Heck-Motor ist nur 8,5 : 1 verdichtet und auf hohe Dauerleistung ausgelegt. Es ist ein Sechszylinder-Boxer mit je drei Zylindern rechts und links vom Kurbelgehäuse. Diese Anordnung ergibt kompakte Abmessungen, vor allem die im Sportwagen erforderliche niedrige Bauhöhe. Die hängenden Ventile sind V-förmig angeordnet und werden durch je eine obenliegende Nockenwelle pro Zylinderreihe gesteuert. Die geschmiedete Kurbelwelle ist sorgfältig ausgewuchtet und läuft in acht Lagern. Die sonst fast nur im Rennwagenbau verwendete Trockensumpfschmierung versorgt auch im Serien-Porsche selbst bei extrem schneller Kurvenfahrt alle Schmierstellen mit gereinigtem und gekühltem Öl in der richtigen Menge. Selbstverständlich sorgt eine Start-Einrichtung der Einspritzanlage für sofortiges Anspringen und Rundlaufen der kalten Maschine.
Diese K-Jetronic-Benzineinspritzung übernimmt die Gemischaufbereitung, sorgt für absolut gleichmäßige Zylinderfüllung und garantiert sparsamen Verbrauch bei sehr sauberem Abgas.
Die kontaktlos gesteuerte Hochspannungs-Kondensator-Zündanlage arbeitet einstellungs-konstant und ist somit wartungsfrei. Eine volle Stunde lang muß jeder Porsche-Motor auf dem Prüfstand beweisen, daß er unter allen Bedingungen einwandfrei arbeitet und alle Ansprüche in punkto Dichtheit, Leistung, Verbrauch, Geräusch und Abgas voll erfüllt. Das fertig montierte Fahrzeug kommt noch einmal für etwa zehn Minuten zu Meß- und Einstell-Arbeiten auf den Rollenprüfstand und muß in einem abschließenden 30-Kilometer-Fahrtest auf der Straße ein 180 Punkte umfassendes Prüfprogramm fehlerfrei absolvieren.

Das Fahrwerk ist für Geschwindigkeiten bis zu 270 km/h ausgelegt und erfüllt höchste Ansprüche an Sicherheit, Sportlichkeit und Komfort: Die Vorderräder sind einzeln aufgehängt und werden von Querlenkern zusammen mit Dämpferbeinen geführt und von Drehstäben gefedert.

Schemazeichnungen und Fotos dokumentieren den Aufwand, den Porsche zur Qualitätssicherung betreibt.

beweisen, aktueller denn je.« Dieses zukunftsorientierte Konzept, das das Porsche-Modellprogramm zunächst nach unten abrundet, heißt Transaxle: wassergekühlter Motor vorne, Getriebe und Differenzial hinten. Nach demselben Konzept geht im Sommer 1977 nun auch der 928 in Serie. Aber während sich der 924 mit einem vom Audi 100 entliehenen Vierzylinder begnügen muss, wird der 928 von einem im eigenen Haus konstruierten, bulligen V8 mit 4,5 Litern Hubraum und 240 PS befeuert. Pressechef Manfred Jantke ist längst nicht mehr der Einzige im Hause Porsche, der die Heckmotorkonzeption für antiquiert hält. Jedenfalls werden die beiden Frontmotorsportwagen im 911-Prospekt ganz vorn, aber

Sicherheit im Porsche 911 SC
Aktiv- und Passiv-Reserven

Die Porsche-Sicherheitsstoßstangen an Bug und Heck fügen sich mit ihrem Faltenbelag harmonisch und fließend in die Karosserielinie ein. Bei Kollisionen bis 8 km/h wird nichts weiter beschädigt als ein austauschbares Deformationselement in der Stoßstangen-Halterung.
Völlig folgenlos übersteht der Wagen den gleichen Aufprall, wenn statt der Deformationselemente energie-absorbierende hydraulische Pralldämpfer montiert sind.

Selbstverständlich ist die Windschutzscheibe aus Verbundglas. Die zweifach abgewinkelte Sicherheitslenksäule kann sich bei einem Zusammenstoß nicht ins Wageninnere schieben. Der Tank liegt in einer verformungsgeschützten Zone, und das gesamte Kraftstoffleitungssystem ist so konstruiert, daß auch nach einem 50 km/h Crash und kopfstehendem Fahrzeug kein Tropfen Benzin ausläuft. Die Fahrgastzelle von Coupé und Targa übersteht Aufprall-Unfälle und mehrfache Überschläge ohne nennenswerte Deformation; die Türen bleiben sicher geschlossen und lassen sich anschließend anstandslos öffnen.

Alle Armaturen, Schalter und Knöpfe sind weich gepolstert und so angeordnet, daß sie im Ernstfall keine Verletzungsgefahr darstellen. Ein geräumiges Handschuhfach, zwei offene und zwei geschlossene Tür-Ablagen sowie zwei Kartentaschen sorgen dafür, daß im Porsche nichts lose herumliegt, was bei einer scharfen Bremsung als gefährliches »Geschoß« umherfliegen könnte. Mit diesen Eigenschaften zum Insassenschutz liegt der Porsche weit über den vom Gesetzgeber geforderten Werten. Doch viel wichtiger als die streng reglementierte passive Sicherheit erscheint uns – gerade bei einem Sportwagen – die aktive: Sie umfaßt alles, was es dem Fahrer ermöglicht, kritische Situationen gefahrlos zu meistern, es gar nicht erst zum Unfall kommen zu lassen und bei Bedarf auch die Flucht nach vorn anzutreten. Dafür ist der Porsche mit seiner spontan verfügbaren Leistungs-Reserve ebenso gut gerüstet wie mit seinem tiefliegenden Schwerpunkt oder seiner enormen Querbeschleunigung.

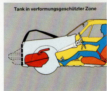
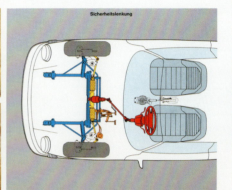

Nicht zuletzt aufgrund der Gesetzeslage im wichtigen Exportmarkt USA hat Porsche die passive Sicherheit seiner Fahrzeuge weiter verbessert.

auch ganz klein gezeigt. Viele halten sie, zumindest hinter vorgehaltener Hand, für die Zukunft des Hauses Porsche.
Wobei sich das im Verkaufsprospekt schon noch ein wenig anders liest: »Fast schon eine Legende – und doch die aktuellste, zukunftsorientierte Gegenwart: Das ist der Porsche 911.« Den gibt es jetzt aber eben nur noch in einer Variante mit Saugmotor; konsequenterweise macht man nun auch noch aus zwei Typenbezeichnungen eine: Aus 911 S und 911 Carrera wird nun der 911 SC. Ein Abschied auf Raten? Könnte man meinen, zumal der Sechszylinder-Sauger für 911-Verhältnisse vergleichsweise bescheidene 180 PS leistet. Was aber im Prospekt als Fortschritt gefeiert wird,

DER EWIGE RENNER

In der G-Baureihe tritt erstmals der 911 Turbo auf den Plan – zunächst mit 260 PS aus 3,0 Litern Hubraum, später dann mit 3,3-Liter-Motor und 300 PS.

Turbo-Ausstattung
Rennwagen-Technik mit Limousinen-Komfort

Im Turbo bleibt kein Wunsch mehr offen – weder beim anspruchsvollsten Fahrer noch beim verwöhntesten Fahrgast: Vor sich eine Plakette mit ihrem eingravierten Namen, hinter sich 300 PS und umgeben von Stereo-Musik aus vier Lautsprechern – so reisen Turbo-Eigner entspannt in Sesseln aus feinstem Leder und wertvollen Wollstoffen.

Das serienmäßig eingebaute Porsche-Kassetten-Radio verfügt über einen Sender-Suchlauf mit drei Empfindlichkeitsstufen und wird auf Wunsch mit Verkehrsfunk-Automatic geliefert. In der Mittelkonsole sind fünf Kassetten-Boxen und ein Ablagefach untergebracht; bei Einbau einer Klimaanlage reduziert sich die Zahl der Kassettenboxen auf drei.

Die rundum getönte Verglasung mindert in Sommer die Aufheizung und garantiert bei jedem Wetter stets klare Sicht, denn auch die Frontscheibe ist elektrisch beheizbar, die Heckscheibe sogar in zwei Stufen. Elektrische Fensterheber sind ebenso selbstverständlich wie die Scheinwerfer-

indem man ihn mit dem Basis-Elfer des Vorjahres (165 PS bei 5800/min) vergleicht. Die Katalogtexter versteigen sich gar zu der – ganz und gar unzutreffenden – Behauptung: »Einen so leistungsfähigen 911 hat es noch nie gegeben.«

Die Realität sieht anders aus, wie in einem Test des 911 SC, Modelljahr 1980, in »auto motor und sport« zu lesen ist: »In sein

Reinigungsanlage, der Heckscheibenwischer, der stufenlos einstellbare Wischintervallschalter, die Nebelscheinwerfer und der perfekte Heizkomfort, bei dem eine automatische Regulierung die vorgewählte Innenraum-Temperatur stabilisiert.
Ein zusätzliches kleines Anzeige-Instrument im Drehzahlmesser informiert den Fahrer über den jeweiligen Ladedruck.
Das Fahrwerk mit Turbo-spezifischer Kinematik (verändertem Sturz- und Vorspurverlauf bei beiden Achsen) beweist, daß ein schnelles Auto nicht hart sein muß. Dazu tragen die für den Turbo entwickelten Serie-50-Reifen maßgeblich bei: Sie sind doppelt so breit wie hoch und setzen neue Sicherheits-Maßstäbe im Schnellauf-, Seitenführungs-, Brems-, Abroll- und Drainage-Verhalten. Sie sind auf geschmiedeten Leichtmetallfelgen von 7 Zoll breite vorn und 8 Zoll hinten montiert und finden unter verbreiterten Kotflügeln Platz.
Die überdimensionierte Bremsanlage mit innenbelüfteten Bremsscheiben und großen, ebenfalls gut gekühlten Vier-Kolben-Bremszangen stammt – wie die Radlager – direkt aus den Rennsport-Turbos.

Nach der Endmontage und allen Prüfstand-Probeläufen muß sich der Turbo in einem Hundert-Kilometer-Straßen Test einem stark erweiterten Prüfprogramm unterziehen.

16. Produktionsjahr geht der Heckmotor-Veteran aus Stuttgart-Zuffenhausen mit 188 PS (138 kW) – genau 22 PS schwächer als der stärkste je in größerer Serie gebaute Elfer, doch immerhin acht PS potenter als sein bis Herbst 1979 gebauter, direkter Vorgänger.« Tester Dirk-Michael Conradt macht sich auch ernsthaft Gedanken um die bei Porsche unter der Ägide des amerikanischen Vor-

DER EWIGE RENNER

Der Reiz des Porsche 911 Carrera Cabriolets liegt darin, daß dies sicherlich die konsequenteste Form ist, Porsche-Faszination mit der Faszination des Offenfahrens zu verbinden.

Endlich bügelfrei. Den 911 Carrera gibt es jetzt auch als reinrassiges Cabrio.

standsvorsitzenden Peter W. Schutz ziemlich offen geführte Diskussion, ob und wenn ja wann der Elfer durch die beiden Frontmotor-Sportler abgelöst wird. Ein Indiz für das baldige Ende glaubt der Motorjournalist in der Modellbezeichnung gefunden zu haben: »Auch der neueste Elfer heißt SC – so wie in Zuffenhausen die Letzten ihrer Art benannt zu werden pflegen.« Was er offensichtlich schade findet, weil der Elfer »eine unvergleichliche Fahratmosphäre« biete. Nach wie vor, wie er feststellt, indem er aus einem Testbericht seines Blattes aus dem Jahre 1964 zitiert: »Keine Frage, der neue Sportwagen, der in Stuttgart-Zuffenhausen produziert wird, ist eines der interessantesten Autos der Welt.« Conradts Fazit: »Dem ist auch 1980 nichts hinzuzufügen.«

Die Zeitschrift »hobby« macht die Probe aufs Exempel und vergleicht den vermeintlich abgeschriebenen Elfer mit einem seiner Herausforderer, dem 924 Turbo. Das Ergebnis formuliert Autor Peter Groschupf schon in der Überschrift: »Zwei Autos – nur ein Porsche.« Er spricht den sogenannten »Gusseisernen« unter den Porsche-Fans aus der Seele, wenn er feststellt: »Zugegeben, der Porsche 924 Turbo ist das modernere Auto. Trotzdem sieht es alt aus, wenn man ihm einen 911 gegenüberstellt. ... Beim 924 schafft es nicht einmal ein Turbolader, das Image des Pseudo-Porsche wegzublasen.« Für Groschupf zählen in diesem Vergleich weniger technisch-rationale Gründe als vielmehr die Emotionen, die sich bei nahezu jedem ambitionierten Autofahrer am Steuer eines 911 einstellen, und er konstatiert: »Wer sich einen 924 turbo leisten kann, der kauft sich lieber einen 911. So geht es den meisten, die zwischen beiden zu entscheiden haben.« Folgerichtig prophezeit er dem 924 Turbo: »Es wird sicher nicht lange dauern, bis er wieder aus der Porsche-Modellpalette verschwunden ist.« Und selbst dem zu dieser Zeit angekündigten 924 Carrera mit 210 PS gibt der Journalist wenig Chancen: »Ob dieses Auto endlich 911-Fahrer hinterm Ofen vorlocken kann, bleibt abzuwarten. Selbst wenn das gelingt: Der Tag, an dem der 16 Jahre alte 911 zum letzten Mal vom Band rollt, wird ein trauriger Tag sein. Aber so weit sind wir noch nicht.«

Dieser Einschätzung schließt sich auch die Schweizer »Automobil Revue« bei einem Test des 1981 auf 204 PS erstarkten 911 SC an: »In puncto Publizität spielte er schon seit einiger Zeit nicht mehr die erste Geige im Hause, der langsam in die Jahre gekommene Porsche 911 mit seinem luftgekühlten Sechszylinder-Kraftwerk im Heck. Das Markeninteresse konzentrierte sich auf die neuen Modelle 924 und 928 ... und Porsche schien bei deren Debüt zunächst auch kaum Zweifel daran zu hegen, dass nach und nach

Zuladung und Zubehör.

DYNAMIK OHNE RAUM-PROBLEME.

Sowohl die Porsche 911 Carrera-Modelle als auch der Porsche 911 Turbo sind zwar durchaus Langstrecken-Sportwagen, aber natürlich keine Langstrecken-Viersitzer. Auf kurzen Strecken haben jedoch auch den Fondsitzen auch Erwachsene Platz. Und es bleibt genügend Stauraum für Unverzichtbares.

Die beiden jeweils durch Befestigungsknöpfe gesicherten Rücksitzlehnen können einzeln umgeklappt werden, so daß zusätzlich zum Gepäckraum (unter der Fronthaube) der Stauraum stufenweise vergrößert werden kann.

In einer Mulde im Kofferraumboden befinden sich das platzsparende Faltersatzrad, der Wagenheber, das Bordwerkzeug und der elektrische Kompressor.

Bei einer Reifenpanne schützen die mitgelieferten Arbeitshandschuhe und eine Kunststoffolie für das defekte Rad den Fahrer und das Wageninnere vor Schmutz. Der ebenfalls mitgelieferte Verbandskasten findet zum Beispiel unter dem Fahrersitz Platz.

DAS VARIABLE DACH-TRANSPORTSYSTEM.

Alle Komponenten des variablen Dachtransportsystems zeichnen sich durch eine hohe Stabilität aus. Das sichert kontrollierte Fahreigenschaften auch dann, wenn die maximale Dachlast von 75 kg des Porsche 911 Carrera Coupé und des Porsche 911 Turbo im Rahmen des zulässigen Gesamtgewichts voll genutzt wird. Es ist bei beiden Modellen einfach zu befestigen und ebenso einfach wieder abzunehmen, was schon deshalb von Bedeutung ist, weil jeder Dachträger selbstverständlich den Luftwiderstand und deshalb den Treibstoffverbrauch beeinflußt.

Zwei Basisträger nehmen die verschiedenen Zusatzeinrichtungen auf: Skihalter, Skibox, Gepäckbrücke, Surfbretthalter, Bootsträger, Fahrradhalter oder Kofferbox. Gegen Diebstahl sind die Basisträger mit Schlössern gesichert, über die gleichzeitig auch die Zusatzeinrichtungen gesichert werden.

Ein 911 ist eben kein Kombi. Wer etwas zu transportieren hat, muss sich genau überlegen, wie und wo. Aber die meisten Elfer-Fahrer haben auch noch ein praktisches Auto in der Garage.

auch eingefleischte 911-Freunde den Schritt vom Hecktriebler zur ›Transaxle-Philosophie‹ machen würden. Doch man hatte sich gründlich getäuscht: Die Kunden liessen sich nicht auf Knopfdruck umprogrammieren.« Totgesagte leben eben länger, stellt das AR-Test-Team fest: »Nach einigen Jahren Dämmerschlaf scheint der 1964 erstmals als Serienfahrzeug erschienene 911 wieder lebendiger denn je. Seine treuen Freunde haben es möglich gemacht.«

Und so geht Porsche mit dem 911 SC auch ins Jubiläumsjahr. Im August 1981 feiert man »50 Jahre Porsche«, unter anderem mit einer auf 200 Exemplare limitierten Edition des 911 SC Coupé und

Mit einem Hubraum von 3,3 l und einem Verdichtungsverhältnis von 7,0 : 1 leistet der luftgekühlte Motor des 911 Turbo 221 kW (300 PS) bei einer Drehzahl von 5.500 Umdrehungen/min.

Der Turbo wirkt selbst im Stand schnell. Hier in einer typischen 1980er-Jahre-Farbe lackiert: goldmetallic.

Targa. Ihre Insignien sind die silbergraue Lackierung »meteormetallic« und eine bordeauxrote Teilleder-Innenausstattung. So sind beispielsweise die Sitzmittelbahnen im klassisch-eleganten Nadelstreifen-Velours gehalten, in den Kopfstützen ist die Signatur »F. Porsche« eingestickt. Wie ernst man es mittlerweile wieder in Zuffenhausen mit dem 911 meint, zeigt sich im Januar 1983. Da wird der 911 als Vollcabriolet vorgestellt – das erste Mal in seiner bis dahin 19-jährigen Bauzeit.

Er ist eben »noch längst kein altes Eisen«, wie die »Auto Zeitung« in einem Test des neuen 911 Carrera, der im Sommer 1983 den SC

DER EWIGE RENNER

beim »Roll-over« kein Benzin auslaufen und das Fahrzeug Feuer fangen kann.

Der Porsche 911 Carrera Targa steht dem Coupé und dem Porsche 911 Turbo bei den statischen und dynamischen Dachfestigkeitsprüfungen in nichts nach. Sein hochstabiler Dachbügel erfüllt alle Forderungen an einen zuverlässigen »Schutzschild«. Das Porsche 911 Carrera Cabriolet kann mit einem Überrollbügel (Sonderausstattung) geliefert werden.

Ansonsten gelten hier genauso wie bei allen anderen Porsche 911-Modellen die für die Sicherheitszelle wesentlichen Kriterien: Verformungszonen an Bug und Heck, die Verbundglas-Windschutzscheibe, das spezielle Benzin-Leitungssystem und nicht zuletzt die Konstruktion des Lenksystems.

DIE PASSIVE SICHERHEIT DES LENKSYSTEMS.

Das Lenkgetriebe und der Lenkknopf mit dem Lenkrad liegen beim Porsche 911 auf verschiedenen Ebenen. Sie sind durch eine abgewinkelte Lenkzwischenwelle mit Kardangelenken an beiden Enden verbunden. Diese Zwischenwelle sorgt dafür, daß der Lenkungsstrang bei einem Aufprall durch Schwenk- bzw. Drehbewegungen ausweichen kann. Eine hochbelastbare Konsole schaff außerdem einen zusätzlichen Deformationsweg und verhindert so eine gefährliche Lenkradverschiebung in den Innenraum. Die Lenkradverschiebun wurde bei Tests gemessen, be denen erneut mit annähernd 5 km/h gegen eine feste Barriere

fahren wird. Dabei hat sich zeigt, daß die vom Gesetzgeber maximal zugelassene horizontale Lenkradverschiebung von 127 mm im Porsche 911 mit großem Abstand unterboten wird.

Mit einem »Dummy« wurden außerdem die Aufschlagkräfte auf das Lenkrad in jeder möglichen Lenkradstellung ermittelt.

Hier spielen eine ganze Reihe konstruktiver Maßnahmen eine große Rolle, um die Aufschlagkräfte und Verletzungsgefahren beim Porsche 911 außergewöhnlich gering zu halten:

Die verformungsweiche Lenkrad-Prallplatte kann nicht splittern und ist darüber hinaus gepolstert. Durch eine gezielte Umwandlung der Bewegungsenergie in eine vorprogrammierte Verformungsarbeit wird die Belastung für den Fahrer bei einem Aufprall insgesamt wesentlich ungefährlicher.

Die Lenkkonsole ist so konstruiert, daß sie bei einem Aufprall nachgibt und damit einen wichtigen Deformationsweg schafft. Ein weiteres Deformationselement befindet sich direkt hinter der Prallplatte. Es richtet das Lenkrad in der ersten Aufprallphase in die jeweilige Richtung der Aufprallkräfte aus. Dadurch werden diese Kräfte auf die größtmögliche Fläche der Prallplatte verteilt und deshalb an den einzelnen Aufprallpunkten entsprechend verringert.

Der Porsche 911 ist also auch unter allen Sicherheitsaspekten ein außergewöhnliches Automobil: Mit seinen konstruktiven Elementen für die passive Sicherheit und mit seinen konditionsschonenden und damit ebenfalls die Sicherheit fördernden Details wird er den hohen Fahrleistungen aller Porsche 911-Modelle mehr als gerecht. Und er übertrifft die sicherheitstechnischen Anforderungen, die heute generell an Automobile gestellt werden, größtenteils bei weitem.

Liebevoll angelegte dreidimensionale Schnittzeichnungen sind typisch für die Kataloge dieser Zeit. Sie bringen auch Laien technische Zusammenhänge nahe.

Immer wenn ein neuer 911 vorgestellt wird, stehen seine Vorgänger als Zeugen der sportlichen Tradition parat.

ablöst, erleichtert feststellt: »Beifall. Jubel. Applaus. Gratulation. 20 Jahre ist er jetzt alt – der Porsche 911. Doch statt – wie schon einmal geplant – sich aufs Altenteil zurückzuziehen, gibt sich der Modellathlet stärker und vielseitiger denn je. Dank intensivem Krafttraining bringt er jetzt 231 PS an die Hantel und dokumentiert das nach außen mit dem bei Porsche geschichtsträchtigen Namen Carrera.«

Die Transaxle-Modelle finden im ersten Carrera-Prospekt – vielleicht ein kleines Zugeständnis an die in ihren Emotionen gebeutelten Elfer-Fans – nicht statt. Doch ganz klein beigeben will man zumindest offiziell nicht. Das ist aus dem Prospektvorwort, das

Coupé, Targa, Cabriolet.

Exklusivität und Vernunft.

Exklusivität im Sinne Porsche bedeutet: Eigenständigkeit und Einzigartigkeit in der Form, in den Eigenschaften und Qualitäten. In jeder Ausführung, ob als Coupé, als Targa oder als Cabriolet.

Die Faszination des Fahrens unter freiem Himmel.

Targa und Cabriolet verbinden Porsche-Faszination mit der Faszination des Offenfahrens. Der Bedienungskomfort der »Frischluftfunktionen« entspricht dem hohen technischen und dem Ausstattungsniveau des Porsche 911 Carrera. Das Faltdach des Targa ist mit wenigen Handgriffen abgenommen, zusammengeklappt und im Gepäckraum verstaut. Genauso schnell läßt sich das Verdeck des Cabriolets öffnen und wieder schließen. Auf Wunsch wird ein vollelektrisches Verdeck geliefert. Hier übernehmen Elektromotoren auf Knopfdruck nicht nur das Absenken oder Heben des Daches sondern sogar das Öffnen bzw. Verriegeln der Verschlüsse.

Die Exklusivität der Qualität.

Darin sind sich alle Porsche gleich – zum Beispiel auch in der Qualität der feuerverzinkten Karosserien, die so gut ist, daß sie Porsche als ersten und bis heute einzigen Automobilhersteller in die Lage versetzt, ohne Nachbehandlungsvorschriften eine für die gesamte Karosserie gültige Zehn-Jahres-Garantie gegen Durchrostung zu geben.

Mit ihren Aussagen sprechen die Prospektmacher sowohl die Emotionen als auch die Vernunft der potenziellen Käufer an.

von Ferry Porsche unterzeichnet ist, herauszulesen. Darin sagt er dem Leser, dass der einzige Anspruch, den Porsche hatte – und immer haben wird –, sei, das »Fahren in seiner schönsten Form« zu verwirklichen. Dabei verweist er zunächst auf die Ursprünge des Hauses: »Wir fühlten uns lediglich unserem persönlichen Anspruch verpflichtet. Und wir gaben dabei keinem bestimmten Konzept den Vorzug. Schließlich hatten wir in unseren Konstruktionsbüros nicht nur an Entwürfen für Fahrzeuge mit luftgekühltem Heckmotor gearbeitet, sondern auch an einer ganzen Reihe von Konstruktionen mit wassergekühltem Motor und konventioneller Bauweise.« Anschließend an diesen Blick in die Vergangen-

Informationssystem und Sicht.

Information: So klar wie die Funktion.

Im Porsche 911 Carrera steuert Elektronik eine Vielzahl von Betriebsfunktionen. Der Einsatz von Elektronik hat hier aber nicht zu technischen Spielereien geführt, die den Fahrer von seiner wichtigsten Beschäftigung – dem Fahren – mehr ablenken, als daß sie ihm nützen.

Konzentration auf das Wesentliche.

Das Informationssystem des Porsche 911 Carrera beschränkt sich auf die für den Fahrbetrieb wichtigen Funktionen. Fünf blendfreie Rundinstrumente sind – nach der Bedeutung ihrer Funktionen geordnet – im unmittelbaren Blickfeld des Fahrers plaziert. Sie bleiben in allen Sitzpositionen sichtbar. Jedes Instrument besitzt maximal drei Funktionsanzeigen. Rote Zeiger vor schwarzem Skalengrund und klar gegliederte Anzeigenfelder erleichtern die schnelle Informationsaufnahme.

Neben den Instrumenten für die Geschwindigkeit, die Motordrehzahl und den Benzinvorrat besitzt der Porsche 911 Carrera auch Instrumente mit Anzeigen für den Ölvorrat, die Temperatur und den Druck des Schmiersystems und den Bremsbelag-Verschleiß. Eine Quarzuhr komplettiert die Ausstattung.

heit appelliert Ferry Porsche an die eingefleischten Elfer-Fans, doch etwas mehr Toleranz zu üben: »So sollte sich heute niemand mehr wundern, wenn sich Porsche-Fahrer einerseits für unsere Heckmotor-Modelle begeistern und wenn andererseits auch unsere Transaxle-Modelle immer mehr treue Anhänger finden. Mir selbst fällt die Entscheidung manchmal schwer, ob ich lieber mit meinem 911 Turbo oder dem 928 S zu einer Fahrt starten soll.« Die Autozeitschrift »mot« startet im Februar 1984 mit dem neuen Porsche Carrera zur Testfahrt und kommentiert den Meinungs-

Wichtigste Information: die klare Sicht rundum. Für eine unter allen Witterungsbedingungen einwandfreie Sicht nach vorn sorgt eine großflächige Verbundglas-Windschutzscheibe (Sonderausstattung: Sekuriflex-Windschutzscheibe) Zusätzlich zur Scheibenwaschanlage mit beheizten Düsen besitzt der Porsche 911 Carrera sogar eine separate Intensivreinigungsanlage für die Frontscheibe. Sie fördert auf Knopfdruck ein konzentriertes Reinigungsmittel.

Bei Dunkelheit sorgen leuchtstarke Halogenscheinwerfer und eine spezielle Scheinwerfer-Reinigungsanlage selbst bei ungünstigen Witterungsverhältnissen für ausgezeichnete Licht- und Sichtverhältnisse. Anstelle von Wischern, die abbrechen oder im Winter anfrieren können, spritzt hier eine separate Hochdruck-Pumpe Wasser auf die Scheinwerfer. Die Waschdüsen sind direkt vor den Scheinwerfern angeordnet, so daß der Wasserstrahl auch bei höheren Fahrgeschwindigkeiten nicht abgeleitet oder vermindert wird.

Ebenfalls serienmäßig: in die Bugschürze integrierte Nebelscheinwerfer, ein elektrisch einstellbarer und beheizbarer Außenspiegel (beim Cabrio zwei) und Heckscheibenheizung (nicht beim Cabriolet).

So muss ein 911-Cockpit aussehen: fünf klar gezeichnete Rundinstrumente nebeneinander platziert mit dem Drehzahlmesser im Mittelpunkt.

umschwung in der Zuffenhausener Zentrale so: »Porsches neues Motto: Der 911 soll leben. Fahrender Beweis für diese Losung ist der 911 Carrera – ein Auto voller Saft und Kraft, das für alles entschädigt, was man an ihm an Widerwärtigkeiten feststellt.« Nicht nur Porsches Unternehmenspolitik hat sich geändert, auch der Zugang der Journalisten zu dem Sportwagen, den »mot« mit dem Titel »Der ewige Renner« belegt, ändert sich. Wortreiche Lobhudeleien und Plattitüden wie »liegt wie ein Brett« oder »fährt wie auf Schienen« finden sich immer seltener in Testberichten. Unzuläng-

911 Carrera.

Einzeln an Querlenkern und Dämpferbeinen aufgehängte Räder, je Rad ein Torsionsstab in Fahrtrichtung liegend. Stabilisator ø 22 mm, hydraulische Zweikreis-Bremsanlage mit innenbelüfteten Bremsscheiben an allen vier Rädern. Leichtmetall-Druckgußfelgen 6 J x 15 mit 185/70 VR 15 Reifen.

Sitze in Stoff-, Leder- und Kunstlederkombination. Die Verstellung für den Fahrersitz übernehmen Elektromotoren; Sitzhöhe, Neigung der Sitzfläche und Rückenlehnen werden per Tastendruck stufenlos den Sitzgewohnheiten angepaßt. Längsverstellung mechanisch.

Ganzstahlkarosserie aus beidseitig feuerverzinkten Blechen, Luftwiderstandsbeiwert $c_W = 0{,}40$, Stirnfläche $A = 1{,}77\ m^2$, Höchstgeschwindigkeit 245 km/h, Beschleunigung von 0–100 km/h in 6,1 s. Fahrzeuge mit Katalysator: Höchstgeschwindigkeit 235 km/h; Beschleunigung von 0–100 km/h in 6,5 s.

Luftgekühlter 6-Zylinder-Viertakt-Ottomotor mit 2 gegenüberliegenden Zylinderreihen (Boxermotor) aus Leichtmetall, digitales Einspritz- und Zündungssystem, 3,2 l Hubraum, 170 kW (231 PS). Motor mit Katalysator: 152 kW (207 PS).

Der auf Wunsch erhältliche große Spoiler läßt die Strömung weit hinten am Wagenheck abreißen, was den Geradeauslauf verbessert und den Luftwiderstand reduziert.

Einzeln an Schräglenkern aufgehängte Räder, Felgen aus Leichtmetall-Druckguß 7 x 15 mit Reifen 215/60 VR 15, Stabilisator $\varnothing$ 21 mm.

DER EWIGE RENNER

Was wie ein Turbo aussieht, muss nicht immer ein Turbo sein. Ab Werk ist jetzt auch der Carrera mit dicken Backen und großem Heckspoiler zu bekommen.

lichkeiten werden beim Namen genannt, wohl wissend, dass genau diese für viele Elfer-Fans das Salz in der Suppe sind, wie Holger Glanz in seinem »mot«-Testbericht notiert: »Für manche Leute sieht das beste Auto der Welt folgendermaßen aus: Es ist zweisitzig, hat einen winzigen Gepäckraum, eine ellenlange Schaltung, eine schwergängige Kupplung und eine stoßige Lenkung. Und es röhrt beim Vollgasgeben wie ein Hirsch. Aber: Es geht ›wie die Pest‹ und heißt Porsche 911.«

Andererseits stellt Glanz fest, dass »schnelle und starke Autos in Hülle und Fülle angeboten« werden und dass auch die meisten

Die hinteren Notsitze sind nur kleinen Kindern auf kurzen Strecken zuzumuten. Durch Umklappen der Lehnen wird die zweite Reihe zum Gepäckabteil.

60 000-Mark-Autos größer und komfortabler seien. Folgerichtig fragt sich der Autor: »Warum also halten die Porsche-Kunden so verbissen am 911 fest? Warum schreien sie entrüstet auf, wenn jemand über sein mögliches Ableben redet?« Sein Schluss, und damit auch der Grund, warum dieses Buch nicht mit diesem Kapitel endet, lautet folgendermaßen: »Es muss mit seiner unvergleichlichen Faszination zusammenhängen, die den Oldie aus Zuffenhausen langsam, aber sicher zur Legende werden lässt. Eine Faszination, die man nur dann richtig nachvollziehen kann, wenn man sie selbst erfahren hat.«

BLOSS KEINEN STRESS

Porsche 911 Carrera 2, Carrera 4, Turbo (Typ 964)
Modelljahre 1989 – 1993

BLOSS KEINEN STRESS

PORSCHE 911: EIN KLASSIKER, DER SEINER ZEIT VORAUS IST

Ein echter Sportler stellt sich nicht zur Schau, sondern überzeugt durch Leistung. In diesem Geist bauen wir den Porsche 911 und entwickeln ihn stetig sorgfältig weiter. Neue Höhepunkte in der 911-Geschichte sind der Allrad-Antrieb des Carrera 4 und die Porsche Tiptronic für den Carrera 2.

Die funktionelle Form des 911 haben wir in ihrer Charakteristik aus gutem Grund nicht angetastet. Dennoch gelang es uns, durch Feinarbeit an der Karosserie die Aerodynamik zu optimieren. Auf den ersten Blick wird dies sichtbar am abgerundeten Bugteil und den nunmehr vorn und hinten integrierten Stoßfängern. Carrera 2 und Carrera 4 sind übrigens die ersten Serienfahrzeuge, die von den neuesten im Rennsport erworbenen aerodynamischen Erfahrungen profitieren: Ähnlich wie bei den Gruppe C-Rennwagen Porsche 956 und 962 dient ein glattflächiger, definiert geformter Unterboden der Verringerung des Luftwiderstandes und zugleich der Erzeugung des „Ground Effect", der den Auftriebskräften entgegenwirkt und die Bodenhaftung bei hohen Geschwindigkeiten wesentlich verbessert.

Diese Wirkung verstärkt der Heckspoiler, der oberhalb einer Geschwindigkeit von 80 km/h elektromotorisch ausgefahren und unterhalb von 10 km/h wieder eingefahren wird. Der Carrera behält dadurch im Stand und im langsameren Verkehr die für den 911 charakteristische Erscheinung mit der fließenden Heckkontur.

In der Summe von zahlreichen weiteren Einzelmaßnahmen gelang es den Aerodynamikern im Porsche Entwicklungszentrum Weissach, den Luftwiderstandsbeiwert der Carrera-Karosserie auf $c_w = 0{,}32$ zu senken.

Das Design des 911 beweist beispielhaft, daß gute Form zeitlos ist und alle modischen „Trends" überlebt. Das Ausmaß der technischen Weiterentwicklung der neuen Porsche Carrera 2 und 4 gegenüber ihrem Vorgänger läßt sich indessen äußerlich nicht ermessen. Unsere Ingenieure haben dabei grundsätzlich auf vordergründige Effekte verzichtet, aber jede Verbesserungsmöglichkeit berücksichtigt, die Ihrer Fahrsicherheit und Ihrem Fahrvergnügen dienen kann.

Über die Exklusivität hinaus, die einem Porsche zueigen ist, lassen Carrera 2 und Carrera 4 viel Spielraum für Ihre individuellen Ausstattungs- und Gestaltungswünsche. Dies kann die Wahl von Sonderausstattungen, etwa einer leistungsstarken Klimaanlage oder eines neuen Bordcomputers, betreffen. Aber nicht zuletzt auch die Gestaltung des Fahrgastraumes. Ihr Porsche Händler zeigt Ihnen gern die Vielzahl der Möglichkeiten, die wir Ihnen von Porsche aus anbieten.

Nebelscheinwerfer – in die Bugschürze integriert – sind serienmäßig

Durch Feinarbeit an der Karosserie haben wir die Aerodynamik verbessert. – Die Stoßfänger an Front und Heck gewähren Aufprallschutz bis mindestens 5 km/h

Stoßfänger aus Bexloy schützen gegen Steinschlag

Hochdruckpumpen reinigen die H4-Scheinwerfer von Carrera 2 und 4

Der Heckspoiler wird ab 80 km/h automatisch ausgefahren. Er vergrößert den Kühllufteintritt. Gleichzeitig vermindert er Luftwiderstand und Auftriebskräfte

Der 911 taugt immer für ein neues Gericht aus der Gerüchteküche, weiß die Autozeitschrift »mot« Anfang des Jahres 1986: »Mit seinem Ende verhält es sich wie mit dem Ungeheuer von Loch Ness: Jedes Jahr einmal reden Journalisten davon, auch wenn nichts daran wahr ist.« Die »mot«-Redaktion hört dagegen eher auf Porsche-Technik-Vorstand Helmuth Bott, der zu sagen pflegt: »Der 911 hat noch ein langes Leben.« Wie recht er damit hat. Untermauert wird die Aussage von einem Erlkönig-Foto, das »mot« in dieser Ausgabe präsentiert, gewürzt mit wenigen Fakten

Wulstige Stoßfänger vorn und hinten kennzeichnen den Typ 964. Hier kommt erstmals der Heckspoiler zum Einsatz, der ab einer definierten Geschwindigkeit (hier 80 km/h) automatisch ausfährt und für mehr Fahrstbilität sorgt.

und einigen Hypothesen, die den Nachfolger der G-Serie betreffen. Was das Design betrifft, werden die Erlkönig-Jäger sehr konkret: »Wie die Prototypen-Fotos belegen, werden die vorderen Stoßfänger in eine geänderte, rundliche Bugschürze integriert. ... Seitlich ist der neue Jahrgang auch an aufgesetzten Schwellerleisten zu erkennen, und das Heck bekommt ebenfalls rund-bauchige Stoßfänger angepasst, die den 911 bulliger, aber auch etwas pummeliger erscheinen lassen.« Dennoch lässt das neue Hinterteil des neuen Elfers den Autor nicht kalt: »Anstelle des bisher steifen Bretts hinten, das für den

BLOSS KEINEN STRESS

Sehr komfortabel ist das Stoffverdeck des Cabrios. Es öffnet und schließt sich auf Knopfdruck.

notwendigen Abtrieb sorgen soll, planen die Porsche-Ingenieure hier eine sensationelle Novität – den kipp- oder herausfahrbaren Spoiler.« Schließlich weiß er auch: »Kein Geheimnis mehr ist, dass Porsche in seiner neuen 911-Generation auch Allradantrieb anbieten wird.« Damit nennt der Automobiljournalist die wesentlichen Features des 911 Carrera 4, werksintern als Typ 964 bezeichnet, der im Sommer 1988 in Serie geht. Der Allradler ist die Vorhut einer neuen Elfer-Generation; die heckgetriebenen 911 Carrera und Turbo der G-Serie begleiten ihn noch ein Modelljahr lang. Für Motorjournalisten schreit das regelrecht nach einem Konzeptvergleich, den als Erstes »sport auto« angeht. Wie immer, wenn ein neuer Elfer die Bühne betritt,

911 – UNSERE RENNERFAHRUNG, IHR KOMFORTANSPRUCH

Oberhalb der Stoßstange ist der neue 911 ganz der alte.

begegnen ihm Fans und Journalisten zunächst mit einer ordentlichen Portion Skepsis. So auch jener Kollege, den »sport auto«-Redakteur Claus Mühlberger als »glühendsten Verehrer der Heckmotor-Sportwagen aus Stuttgart« beschreibt und so wiedergibt: »Er vermutete mit belegter Stimme, dass im Carrera 4 die Freude am Fahren auf der Strecke bleiben müsse.« Nach ein paar Tausend Kurven in den französischen Seealpen sowie einigen Runden auf der regennassen Rennstrecke von Lédenon habe besagter Kollege seine Meinung gründlich revidiert. Sein Fazit: »Im Vergleich zum Carrera 4 fährt sich der normale Carrera wie ein VW Käfer, Baujahr 61.« Wenn Liebe im Spiel ist, werden Vergleiche ungerecht.

BLOSS KEINEN STRESS

DAS PORSCHE FAHRWERK

Daß ein Fahrzeug mit Hochleistungsmotor auch über ein Hochleistungsfahrwerk verfügen muß, ist für Porsche Fahrer selbstverständlich. Dem gestiegenen Leistungsangebot des Sechszylinder-Boxers in Carrera 2 und Carrera 4 haben die Porsche Ingenieure deshalb ein neues Fahrwerk angemessen. Die Vorderräder werden einzeln an Dreieckslenkern und Federbeinen geführt. Die Vorderachsgeometrie wurde so gewählt, daß ein negativer Lenkrollradius erzielt wird. Die serienmäßige Servolenkung vermittelt einen guten Fahrbahnkontakt und arbeitet leichtgängig und exakt. Dabei wirkt die Servounterstützung degressiv: Je niedriger die Geschwindigkeit, desto größer die Servowirkung. Dies erleichtert zum Beispiel das Einparken. Bei hohen Geschwindigkeiten tendiert die Servowirkung jedoch gegen Null, die Lenkung wirkt noch „direkter" und verstärkt das Gefühl des Fahrers für Fahr- und Fahrbahnzustand. Die neue Hinterradaufhängung erhielt Feder-Dämpfer-Einheiten. Innere Schräglenkerarme wirken beim Auftreten von Seitenkräften spurkorrigierend und erhöhen damit die Fahrstabilität bei Lastwechseln in der Kurve und bei Richtungswechseln.

Die neu dimensionierte hydraulische Zwei-Kreis-Bremsanlage verfügt über standfeste innenbelüftete Scheibenbremsen an allen vier Rädern, ein auf dieses Fahrwerk abgestimmtes Anti-Blockier-System (ABS) und Servo-Unterstützung. Eine Bremsbelag-Verschleißanzeige im Cockpit weist rechtzeitig auf abgenutzte Bremsbeläge hin.

Alle Komponenten des Fahrwerks, von der Radaufhängung über die Bremsanlage bis hin zu den Rädern, haben von den Porsche Erfahrungen im Rennsport profitiert. Dort haben sie härteren Belastungsproben standgehalten, als sie im Straßenverkehr je zu erwarten sind. Aber in Fragen der Sicherheit macht Porsche keine Kompromisse.

Die Vorderräder werden an Dreieckslenkern und Federbeinen geführt

Die neue Hinterradaufhängung verfügt über Feder-Dämpfer-Einheiten und innere Schräglenkerarme. Sie wirkt spurkorrigierend und erhöht die Fahrstabilität

Die vorderen Scheibenbremsen von 911 Carrera 2 und 4

Bei Porsche selbstverständlich: Innenbelüftete Scheibenbremsen hinten

GROUND-EFFEKT: AERODYNAMISCHE UNTERBODENGESTALTUNG AUS DEM RENNSPORT

Mehr Kraft braucht mehr Fahrbahnkontakt. Hier behilft man sich mit aerodynamischen Hilfsmitteln aus dem Rennsport, die der Fahrer normalerweise nicht zu Gesicht bekommt.

Autor Mühlberger sieht den Tatsachen unvoreingenommener und mit sehr bildhaften Vergleichen ins Auge: »Im Grenzbereich benimmt sich der Carrera 4 so tadellos wie Prinz Charles auf Staatsbesuch. Dank einer Servolenkung, die perfekten Fahrbahnkontakt vermittelt, lässt er sich so mühelos dirigieren wie eine Blaskapelle auf dem Münchner Oktoberfest.« Wesentlich sachlicher gibt sich der Katalogtext: »Der Carrera-4-Allradantrieb gestattet gegenüber dem Zweiradantrieb eine wesentlich effektivere und präzisere Fahrweise nahe dem Grenzbereich.«

»auto motor und sport« fragt angesichts des ersten wahrhaft gutmütigen 911: »Ist dies das Ende der 911-Romantik?« Autor Wolfgang

DAS PRINZIP PORSCHE: DIE VERBINDUNG VON STIL UND WERT

Das besondere Augenmerk der Konstrukteure galt der Aufprallsicherheit der neu gestalteten und aerodynamisch verbesserten Bugpartie

Der Freude über die funktionelle Ästhetik des Porsche folgt für den Besitzer die Genugtuung über die Werterhaltung seines Fahrzeugs.

Grund hierfür ist eine der vielen technischen Pionierleistungen von Porsche, der serienmäßige Einsatz von beidseitig feuerverzinktem Stahlblech für die gesamte Karosserie.

Der größere Aufwand bei den Materialkosten und im Herstellungsprozeß kommt dem Carrera-Besitzer voll zugute: Als erster und bisher einziger Sportwagenhersteller bietet Porsche für die gesamte Karosserie eine Zehn-Jahre-Gewährleistung gegen Durchrostung, und dies ohne Nachbehandlung. Daß Hohlraumkonservierung und Unterbodenschutz serienmäßig dazugehören, sei nur am Rande erwähnt.

Darüber hinaus verwendet Porsche nur ausgewählte Lackqualitäten, die in fünf Schichten so sorgsam aufgebracht werden, daß es Porsche leicht fällt, auch für die Lackierung drei Jahre lang gerade zu stehen. Und schließlich gibt Porsche seinen Kunden eine Gewährleistung von zwei Jahren ohne Kilometerbegrenzung auf das gesamte Fahrzeug.

Porsche Fertigungsqualität und Langlebigkeit zusammen mit der sprichwörtlichen Modellkonstanz geben dem Carrera-Besitzer die Sicherheit einer rentablen Investition. Und dies wird sich nicht erst nach einem späteren Weiterverkauf des Fahrzeugs erweisen.

Die Langlebigkeit der Porsche Karosserie setzt Maßstäbe

Zehn Jahre Garantie gegen Durchrostung - ohne Nachbehandlung

Hochwertige Materialien gewährleisten die Langlebigkeit

Fertigungstechnologien verbunden mit bester Handwerkstradition

PORSCHE FERTIGUNGS-QUALITÄT UND WERTERHALTUNG

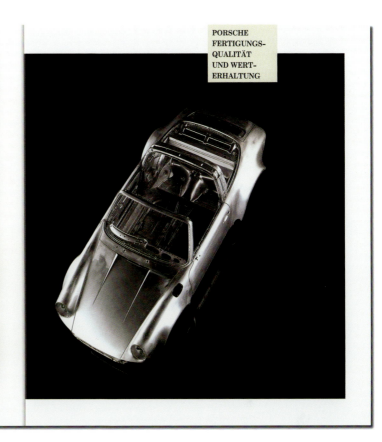

Mit Fotos aus der Produktion baut Porsche Vertrauen in sein Qualitätsversprechen auf. Das große Bild zeigt eine voll verzinkte Targa-Rohkarosse.

König kennt die Befindlichkeiten der Elfer-Fans: »Es ist das alte Lied. Kaum zeigt der 911 Spuren des technischen Fortschritts, schon verzehren sich seine Liebhaber in Zweifel und Wehmut.« So stellt er neben den neuen Carrera 4 die vorerst weitergebauten Carrera und Turbo und kommt zu diesem Zwischenfazit: »Schnell zeigt sich, dass bei diesem 911-Trio nicht die Preisfrage entscheidend sein kann. Geschmacksfragen, Charakterfragen und nicht zuletzt Gewissensfragen gilt es zu klären, soll die Ehe mit dem 911 glücklich sein.« Die Charaktere könnten unterschiedlicher nicht sein. Dem neuen Carrera 4 attestiert der Tester eine »weitgehend ausgeglichene Gemütslage«, um aber sogleich zu mahnen: »So täuscht der geringe Stress-

LEGENDE MIT ZUKUNFT: DER LUFTGEKÜHLTE SECHSZYLINDER-BOXER

Der Sechszylinder-Boxermotor, der gleichermaßen Carrera 2 und Carrera 4 antreibt, ist in seinem Aufbau mit Gebläseluftkühlung und getrennter Bauweise von Kurbeltrieb, Zylindern und Zylinderköpfen mit kettengetriebenen obenliegenden Nockenwellen der legendäre 911-Motor. Dennoch haben ihn die Porsche Ingenieure weitgehend neu konstruiert. Sein Hubraum beträgt 3,6 Liter. Mit Doppelzündung und einem Verdichtungsverhältnis von 11,3:1 erreicht er seine Höchstleistung von 184 kW (250 PS) bei 6100¹/min. Zum täglichen Fahrvergnügen und zur aktiven Sicherheit des Carrera-Fahrers trägt der Drehmomentverlauf gewiß noch stärker bei. Schon ab der Drehzahl von rund 1400¹/min wächst das Drehmoment über 250 Nm hinaus und erreicht sein Maximum von 310 Nm bei 4800¹/min. Wie kräftig der Vortrieb der neuen Carrera-Modelle ist, veranschaulicht die Tatsache, daß die Beschleunigung von 0 auf 100 km/h in nur 5,7 Sekunden erfolgt. Die Höchstgeschwindigkeit beträgt 260 km/h.

Den Motorsound, der für 911-Fahrer zur Faszination dieses Porsche gehört, haben wir unverändert beibehalten. Die Gesamtlautstärke jedoch haben wir innen wie außen zeitgemäß reduziert und lästige Nebengeräusche beseitigt. Dies gelang uns vor allem durch eine erweiterte Motorkapselung und vergrößerte Schalldämpfer. Nicht nur die Umwelt, auch Fahrer und Beifahrer profitieren davon: Selbst bei hohen Reisegeschwindigkeiten sind normaler Gesprächston und Musikgenuß möglich.

Eine Neuheit ist der Katalysator, bei dem das Trägermaterial erstmals aus rostfreiem Edelstahl und nicht mehr aus Keramik besteht. Diese Technologie, ebenfalls zuerst im Rennsport erprobt, bringt nochmals verbesserte Abgasumwandlung und mehr Leistung, schnelleres Anspringverhalten des Katalysators und verringerte Alterung.

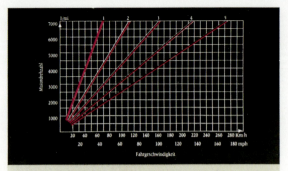

Das sorgfältig abgestufte und präzise schaltbare Getriebe des 911 Carrera 4 gestattet es, stets im optimalen Drehmomentbereich zu fahren

Porsche Carrera 2 und 4 sind die ersten der Welt mit serienmäßigem Metallkatalysator: Noch mehr Umweltfreundlichkeit ohne Leistungsverlust

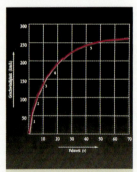

Die Beschleunigung des 911 Carrera 4 weist ihn als Spitzensportler aus

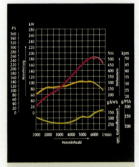

Gleichmäßiger Leistungsanstieg bis zum Erreichen der Vollast

BLOSS KEINEN STRESS

Wer 30 Jahre lang mit einem Fahrzeugkonzept große Erfolge feiert, darf mit Fug und Recht Traditionsmarketing betreiben.

faktor der Carrera-4-Leistung über die beträchtliche Gewalt, die hier entfesselt wird, hinweg.« Dagegen fordere die Leistungscharakteristik des Turbo »mit unvermittelt hereinbrechenden Katapulteffekten« ständig die höchste Aufmerksamkeit des Fahrers: »Gewachsen ist ihm nur, wer ihn mit feinfühligem Gasfuß und bewusstem Schalten zu bändigen versteht, ein Unterfangen, das noch am besten auf gerader Strecke und bevorzugt auf Autobahnen gelingt.« Und auch beim Carrera sei »strenges Zupacken, alertes Korrigieren, behutsamer Krafteinsatz und konzentriertes Schalten« erforderlich, um mit dem Neuen mitzuhalten. Noch nie sei sportliches Fahren so sicher gewesen wie im Carrera 4. Folgerichtig kommt König zu folgendem Schluss: »Zugegeben, da sind noch die Sportwagen-Romantiker, jene, die sich ein Auto mit eingebautem Adrenalin-Tropf wünschen,

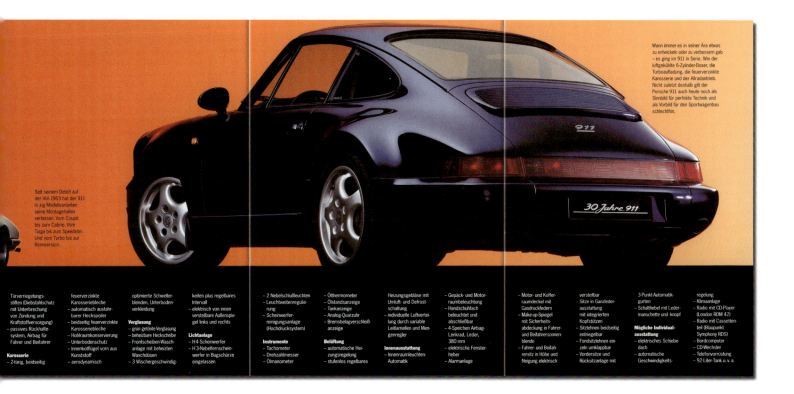

Seit seinem Debüt auf der IAA 1963 hat der 911 in zig Modellvarianten seine Montagehallen verlassen. Vom Coupé bis zum Cabrio. Vom Targa bis zum Speedster. Und vom Turbo bis zur Rennversion.

Wann immer es in seiner Ära etwas zu entwickeln oder zu verbessern gab – es ging im 911 in Serie. Wie der luftgekühlte 6-Zylinder-Boxer, die Turboaufladung, die feuerverzinkte Karosserie und der Allradantrieb. Nicht zuletzt deshalb gilt der Porsche 911 auch heute noch als Sinnbild für perfekte Technik und als Vorbild für den Sportwagenbau schlechthin.

- Türverriegelungsstiften (Diebstahlschutz mit Unterbrechung von Zündung und Kraftstoffversorgung)
- passives Rückhaltesystem, Airbag für Fahrer und Beifahrer

Karosserie
- 2-türig, beidseitig feuerverzinkte Karosseriebleche
- automatisch ausfahrbarer Heckspoiler
- beidseitig feuerverzinkte Karosseriebleche
- Hohlraumkonservierung
- Unterbodenschutz
- Innenkotflügel vorn aus Kunststoff
- aerodynamisch optimierte Schwellerblenden, Unterbodenverkleidung

Verglasung
- grün getönte Verglasung
- beheizbare Heckscheibe
- Frontscheiben-Waschanlage mit beheizten Waschdüsen
- 3 Wischergeschwindigkeiten plus regelbares Intervall
- elektrisch von innen verstellbare Außenspiegel links und rechts

Lichtanlage
- H4-Scheinwerfer
- H3-Nebelfernscheinwerfer in Bugschürze eingelassen
- 2 Nebelschlußleuchten
- Leuchtweitenregulierung
- Scheinwerferreinigungsanlage (Hochdrucksystem)

Instrumente
- Tachometer
- Drehzahlmesser
- Ölmanometer
- Ölthermometer
- Ölstandsanzeige
- Tankanzeige
- Analog-Quarzuhr
- Bremsbelagverschleißanzeige

Belüftung
- automatische Heizungsregelung
- stufenlos regelbares Heizungsgebläse mit Umluft- und Defrostschaltung
- individuelle Luftverteilung durch variable Leitlamellen und Mengenregler

Innenausstattung
- Innenraumleuchten-Automatik
- Gepäck- und Motorraumbeleuchtung
- Handschuhfach beleuchtet und abschließbar
- 4-Speichen Airbag-Lenkrad, Leder, 380 mm
- elektrische Fensterheber
- Alarmanlage
- Motor- und Kofferraumdeckel mit Gasdruckfedern
- Make-up-Spiegel mit Sicherheitsabdeckung in Fahrer- und Beifahrersonnenblende
- Fahrer- und Beifahrersitz in Höhe und Neigung elektrisch verstellbar
- Sitze in Ganzlederausstattung mit integrierten Kopfstützen
- Sitzlehnen beidseitig entriegelbar
- Fondsitzlehnen einzeln umklappbar
- Vordersitze und Rücksitzanlage mit 3-Punkt-Automatikgurten
- Schalthebel mit Ledermanschette und -knopf

Mögliche Individualausstattung
- elektrisches Schiebedach
- automatische Geschwindigkeitsregelung
- Klimaanlage
- Radio mit CD-Player (London RDM 42)
- Radio mit Cassettenteil (Blaupunkt Symphony RDS)
- Bordcomputer
- CD-Wechsler
- Telefonvorrüstung
- 92-Liter-Tank u. v. a.

ein Auto als Bestie, die nur der Tapfere zu zähmen vermag. Sie werden auch weiterhin zum Carrera greifen, für schwere Fälle empfiehlt sich der Turbo.«

Und wer's besonders leicht mag, wählt die »Tiptronic«, die im Modelljahr 1990 im neuen, heckgetriebenen Carrera 2 eingeführt und im Prospekt so charakterisiert wird: »Unter dieser Bezeichnung wurde für den Carrera 2 eine Kraftübertragung entwickelt, die erstmals die Vorzüge eines Automatikgetriebes mit bisher nicht gekannten manuellen Eingriffsmöglichkeiten vereint.« Dieses Extra bringt die harten Elfer-Fans vollends zum (Ver-)Zweifeln und diese sehen in der Kombination Sportwagen und Automatik den Widerspruch in sich. Stimmt nicht, meint »auto

BLOSS KEINEN STRESS

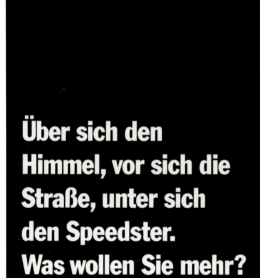

Der Speedster ist eine Reminiszenz an ein altes Erfolgsmodell und im Grunde ein reinrassiges offenes Auto. Das Verdeck versteht sich eher als Kapuze für den Notfall.

motor und sport«-Redakteur Gert Hack und gibt angesichts der hohen Verkehrsdichte zu bedenken: »Selbst Porsche-Fahrer haben ein Recht auf Bedienungserleichterung. Wer will schon dauernd eine harte Kupplung treten, die sich mit 14 Kilogramm dem linken Bein entgegenstemmt.« In der täglichen Fahrpraxis könne die Tiptronic fast immer alles besser als das handgeschaltete Fünfganggetriebe, und bei Lust und Laune stehe dem Fahrer ja auch bei der Tiptronic ein Schalthebel zur Verfügung. So stellt er zum Schluss die rein rhetorische Frage: »Was will man mehr?«

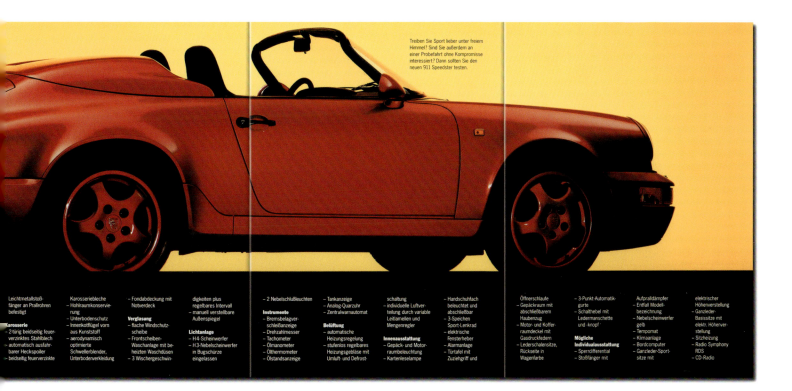

Treiben Sie Sport lieber unter freiem Himmel? Sind Sie außerdem an einer Probefahrt ohne Kompromisse interessiert? Dann sollten Sie den neuen 911 Speedster testen.

- Leichtmetallstoßfänger an Prallrohren befestigt

Karosserie
- 2-türig beidseitig feuerverzinktes Stahlblech
- automatisch ausfahrbarer Heckspoiler
- beidseitig feuerverzinkte Karosseriebleche
- Hohlraumkonservierung
- Unterbodenschutz
- Innenkotflügel vorn aus Kunststoff
- aerodynamisch optimierte Schwellerblender, Unterbodenverkleidung
- Fondabdeckung mit Notverdeck

Verglasung
- flache Windschutzscheibe
- Frontscheiben-Waschanlage mit beheizten Waschdüsen
- 3 Wischergeschwindigkeiten plus regelbares Intervall
- manuell verstellbare Außenspiegel

- 2 Nebelschlußleuchten

Instrumente
- Bremsbelagverschleißanzeige
- Drehzahlmesser
- Tachometer
- Ölmanometer
- Ölthermometer
- Ölstandsanzeige
- Tankanzeige
- Analog-Quarzuhr
- Zentralwarnautomat

Belüftung
- automatische Heizungsregelung
- stufenlos regelbares Heizungsgebläse mit Umluft- und Defrostschaltung
- individuelle Luftverteilung durch variable Leitlamellen und Mengenregler

Lichtanlage
- H4-Scheinwerfer
- H3-Nebelscheinwerfer in Bugschürze eingelassen

Innenausstattung
- Gepäck- und Motorraumbeleuchtung
- Kartenleselampe
- Handschuhfach beleuchtet und abschließbar
- 3-Speichen Sport-Lenkrad
- elektrische Fensterheber
- Alarmanlage
- Türtafel mit Zuziehgriff und Öffnerschlaufe
- Gepäckraum mit abschließbarem Haubenzug
- Motor- und Kofferraumdeckel mit Gasdruckfedern
- Lederschalensitze, Rückseite in Wagenfarbe
- 3-Punkt-Automatikgurte
- Schalthebel mit Ledermanschette und -knopf

Mögliche Individualausstattung
- Sperrdifferential
- Stoßfänger mit Aufprallstoßdämpfer
- Entfall Modellbezeichnung
- Nebelscheinwerfer gelb
- Tempomat
- Klimaanlage
- Bordcomputer
- Ganzleder-Sportsitze mit elektrischer Höhenverstellung
- Ganzleder-Basissitze mit elektr. Höhenverstellung
- Sitzheizung
- Radio Symphony RDS
- CD-Radio

Speedster

EVOLUTION EINES KLASSIKERS

Porsche 911 Carrera, Turbo (Typ 993)
Modelljahre 1994 – 1998

EVOLUTION EINES KLASSIKERS

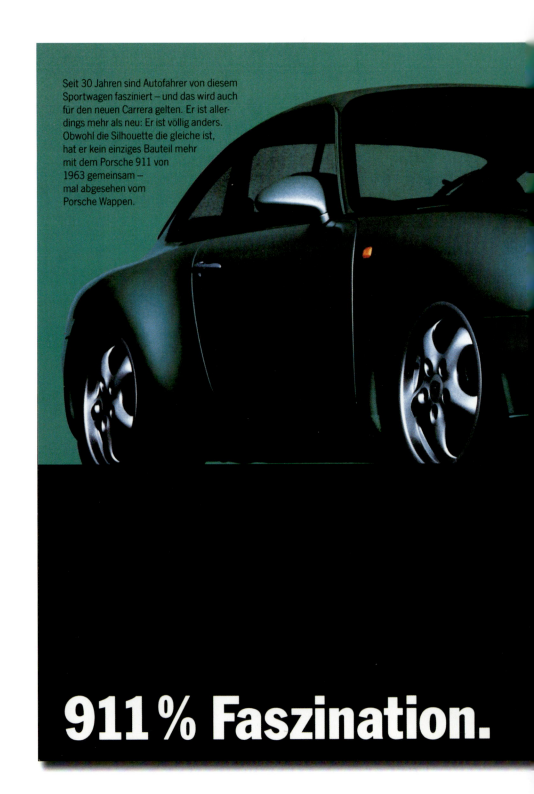

Seit 30 Jahren sind Autofahrer von diesem Sportwagen fasziniert – und das wird auch für den neuen Carrera gelten. Er ist allerdings mehr als neu: Er ist völlig anders. Obwohl die Silhouette die gleiche ist, hat er kein einziges Bauteil mehr mit dem Porsche 911 von 1963 gemeinsam – mal abgesehen vom Porsche Wappen.

911 % Faszination.

Die Karosserie des neuen 911 ist komplett neu erarbeitet worden – für noch bessere Aerodynamik. Er hat eine völlig neu konstruierte Hinterachse – für noch bessere Straßenlage. Er hat einen stärkeren, aber sparsameren Motor. Und er hat einen größeren Kofferraum – was will man mehr? Wir haben im Laufe der Zeit mit vielen Konventionen gebrochen – aber nie mit unseren Prinzipien. Darum glauben wir, daß der Sportwagen der Zukunft ein Klassiker ist. Und daß er seinen Vorfahren Ehre machen wird.

Das Auto ist schöner geworden, der Prospekt nicht. Aber selbst die eigenwillige Farbgestaltung des Prospekts kann nicht verhindern, dass der neue Elfer elegant wirkt.

EVOLUTION EINES KLASSIKERS

Der Typ 993 ist der letzte 911 mit Luft-
kühlung. Seine Karosserie wirkt für
viele Betrachter deutlich straffer als die
des Vorgängers. Das Design ist an den
Supersportwagen 959 angelehnt, das
Sechsgangschaltgetriebe wurde ebenfalls im 959 erprobt.

Stimmungsvolle Fotos machen Lust auf eine Probefahrt im Turbo oder im Cabrio.

Die Fachwelt ist in Aufruhr. »Revolution«, ruft die »Autozeitung« beim Anblick des neuen 911 Carrera. Und auch die »mot«-Redaktion reibt sich verwundert die Augen: »Fast hätten wir ihn nicht erkannt. Mit dicker Nase und traurigen Augen kam er aus der Kur. Doch dann gab er sich mit heiserer Stimme zu erkennen. Und alles war gut.« Enthusiasten hängen eben sehr am Alten. Während der »Playboy« naturgemäß wohlproportionierte Formen liebt und die Neuheit so einschätzt: »Von der erotischen 911-Optik ist fast nichts verloren gegangen.« Genüsslich wird Porsche-Designer Harm Lagaay zitiert, der den neuen Porsche als »straff und sexy« charakterisiert und sich glücklich darüber zeigt, »das Pitbull-Styling vergangener Jahre« eliminiert zu haben.

Lagaay und seinem Team gelingt es, alte Zöpfe abzuschneiden, ohne den Charakter des 911 zu verletzen, wie auch »auto motor und sport«-Autor Eckhard Eybl zufrieden feststellt: »Der neue Neun-Elfer ist noch aufregender geworden. Das ist längst nicht

EVOLUTION EINES KLASSIKERS

Die Grundform des 911 ist seit 30 Jahren dieselbe. Und immer noch ist sie für Sportwagenfreunde das, was eine leuchtende Blüte für die Bienen ist: ein Schlüsselreiz.

Jetzt wurde seine Karosserie von Grund auf neu gestaltet: Insgesamt ist sie etwas kürzer und etwas breiter geworden. Im Vorderwagenbereich orientiert sich das Design am 959, die Fronthaube wurde etwas angehoben, die Scheinwerfer liegen etwas flacher. Seitlich entfielen die Schwellerblenden zugunsten der puristischen Optik, im Heck wurden die Radhäuser verbreitert.

Über Jahre hinweg ist der 911 immer wieder überarbeitet worden, vor allem in Richtung Sicherheit und Aerodynamik. Dennoch ist er nie alt geworden. Sondern einfach nur erwachsen.

Eine Seitenansicht darf in keinem 911-Prospekt fehlen. Sie klärt eindeutig die Identitätsfrage.

EVOLUTION EINES KLASSIKERS

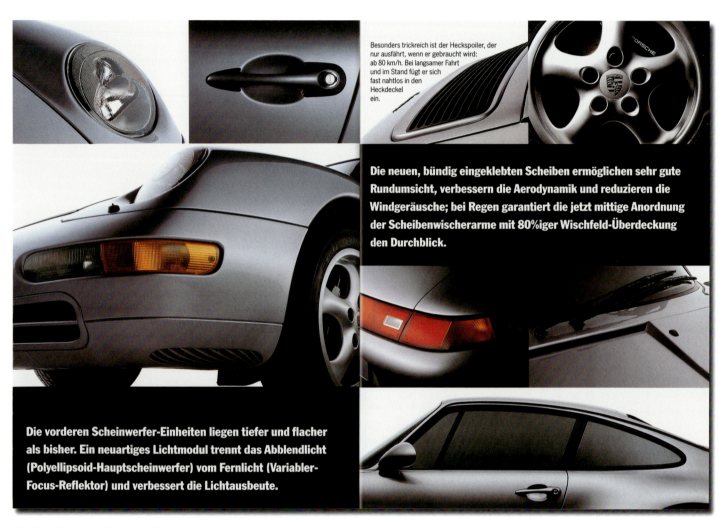

Besonders trickreich ist der Heckspoiler, der nur ausfährt, wenn er gebraucht wird: ab 80 km/h. Bei langsamer Fahrt und im Stand fügt er sich fast nahtlos in den Heckdeckel ein.

Die neuen, bündig eingeklebten Scheiben ermöglichen sehr gute Rundumsicht, verbessern die Aerodynamik und reduzieren die Windgeräusche; bei Regen garantiert die jetzt mittige Anordnung der Scheibenwischerarme mit 80%iger Wischfeld-Überdeckung den Durchblick.

Die vorderen Scheinwerfer-Einheiten liegen tiefer und flacher als bisher. Ein neuartiges Lichtmodul trennt das Abblendlicht (Polyellipsoid-Hauptscheinwerfer) vom Fernlicht (Variabler-Focus-Reflektor) und verbessert die Lichtausbeute.

Mit Detailfotos werden wesentliche technische und gestalterische Neuerungen erläutert.

mehr selbstverständlich, wenn technische Verbesserungen fast automatisch eine Kante Sinnlichkeit wegfeilen, wenn Gefühle auf Teufel komm raus wegoptimiert werden, wenn Beinahe-Perfektion die Lust am Fahren ausradiert.« Er erklärt die Form zum »großen Wurf« und begründet es damit, dass beim Design »manches neu, vieles modern, alles vertraut« sei.

Der neutrale Betrachter Eybl spricht der Porsche-Presseabteilung – der er 14 Jahre später selbst angehört – aus der Seele. Sie bezeichnet die Arbeit der Entwickler in Weissach als »Evolution eines

Wie Ihr Porsche aussieht, können Sie sich aussuchen: aus einer Palette von Uni- und Metallic-Serienfarben. Oder, indem Sie eine Probe von Ihrer Lieblingsfarbe mitbringen, die wir dann extra für Sie anmischen. So wird Ihr Porsche ein echtes Einzelstück.

Jeder Porsche wird sofort nach seiner Fertigstellung probegefahren – und zwar im normalen Verkehr und auf der Autobahn. Wenn Sie vor einer Entscheidung auch erstmal testen wollen, wenden Sie sich bitte an Ihr Porsche Zentrum.

So baut man Sportwagen.

Das Leuchtenband im Heck ist eine Reverenz an die beiden vorangegangenen 911-Generationen.

Klassikers«, während sich die Texter des Verkaufsprospektes deutlich offensiver geben: »Was er bietet, gibt es bei anderen nicht einmal als Extra: 911 % Faszination.« Hinter dieser Aussage ist deutlich die Stimme von Dr. Wendelin Wiedeking zu hören, der nach Jahren als Produktionsvorstand und Vorstandssprecher im Geschäftsjahr 1993/94 zum Vorstandsvorsitzenden ernannt wurde. Er verordnet dem Haus nicht nur eine neue Organisationsstruktur, sondern auch mehr Selbstbewusstsein – und damit einen neuen öffentlichen Auftritt. So sind die Kataloge erstmals keine über-

EVOLUTION EINES KLASSIKERS

Gut gesetztes Licht lässt die typische 911-Linie auf Anhieb sichtbar werden. Dennoch bemerkt der aufmerksame Betrachter, dass die vorderen Kotflügel deutlich weniger gewölbt sind als bei den Vorgängern.

EVOLUTION EINES KLASSIKERS

Der 911 ist ein Erlebnis. Aber keines, das unvertretbar auf Kosten der Umwelt geht. Trotz seiner hohen Leistung ähneln die Verbrauchs- und Abgaswerte eher denen eines Mittelklassewagens.

Der 911 Turbo produziert nur rund ein Drittel der gesetzlich erlaubten Schadstoffe. Und damit deutlich weniger als ein abgasgeregelter Kleinwagen. Der TÜV Bayern nennt ihn „den saubersten Sportwagen Deutschlands" (sport auto 8/95).

Die Leser von auto motor und sport wählten ihn europaweit zum „besten Sportwagen 1996". Ein Zusammenhang scheint nicht ausgeschlossen.

Der 911 erfüllt alle derzeitigen und bekannten zukünftigen Abgasvorschriften weltweit. Seine 2 Metallkatalysatoren unterscheiden sich von herkömmlichen Keramikversionen durch schnelleres Ansprechverhalten, höhere Umwandlungsrate, längere Lebensdauer und geringeren Leistungsverlust. Bereits 10 Sekunden nach einem Kaltstart sind 98 Prozent der Abgase gereinigt.

Ebenso erfüllt der 911 alle derzeit gültigen Geräuschvorschriften. Und zwar ohne Motorkapselung.

Auch die lange Lebensdauer eines Porsche trägt zum Schutz der Umwelt bei. Über 60 Prozent aller jemals gebauten Porsche sind noch auf der Straße. Die Service-Intervalle sprechen für sich: Ölwechsel alle 20.000 km, Zündkerzen, Ölfilter alle 40.000 km, Getriebeöl und Kraftstofffilter alle 80.000 km.

· 50 · · 51 ·

Umwelt

Sportwagenfahrer werden von Umweltschützern misstrauisch beäugt. Porsche liefert im Prospekt gute Argumente zum Umweltschutz – die Langlebigkeit ist ein besonders wichtiges.

formatigen Broschüren mehr, sondern hochwertig verarbeitete Bücher, die locker ins Handschuhfach passen.

Letzteres liegt naturgemäß nicht so stark im Fokus der Tester, zumal sie im Cockpit weitgehend auf Bekanntes treffen. Dennoch werden die Entwicklungszeit von dreieinhalb Jahren und Kosten in dreistelliger Millionenhöhe (in DM) sicht- und spürbar. Zum Beispiel im neutralen Fahrverhalten, das von den Testern unisono gelobt wird. »Die Hinterachse steht für Fortschritt«, schreibt die »Frankfurter Allgemeine Zeitung«, und

Beim 911 wird jeder noch so leichte Druck auf das Gaspedal mit einer absolut einmaligen Spontaneität beantwortet. Es gibt kein Verzögern, kein Verschlucken.

Sie werden feststellen, daß man häufig ein oder zwei Gänge höher fährt als in anderen Autos. Sein breit nutzbares Drehzahlband macht es möglich.

Durch die hohe Elastizität des Motors werden Überholmanöver zu kurzen Zwischenspurts im Sinne bestmöglicher aktiver Verkehrssicherheit.

Performance

Leistungsfähigkeit als Sicherheitsplus –

auch das ist ein gutes Argument.

»mot« sekundiert: »Die neuen Gene im Carrera '93 stammen von der Rennstrecke: Aus einer klassischen Doppelquerlenker-Aufhängung wurde die Vierlenker-Führung der Hinterachse entwickelt. Und sie kommt der Quadratur des Kreises recht nahe: mehr Dynamik bei mehr Komfort.« Auch der weiter verbesserte Boxer, der aus nun 3,6 Litern Hubraum 272 PS mobilisiert, freut die Testfahrer. »Kräftiger, aber gesitteter«, stellt beispielsweise die »Automobilrevue« fest. Für das Sportfahrermagazin »rallye racing« gibt es dafür nur ein Prädikat: »Der beste Elfer aller Zeiten«.

EVOLUTION EINES KLASSIKERS

So mischen wir uns mit allen Vieren ein.

Um eine noch bessere Fahrdynamik sowie ein ausgewogenes Fahrverhalten bei maximaler Traktion zu erreichen, bieten wir Ihnen für den 911 unseren Vierradantrieb an.

Im normalen Fahrbetrieb, aber auch in Grenzsituationen wie bei Nässe, plötzlichen Lastwechseln in engen Kurven, unterschiedlichen Fahrbahnbelägen usw. wird die Verteilung der Antriebskraft ständig nach Bedarf variiert. Sie wird auf die Räder verlagert, die sie am nötigsten brauchen. Automatisch. Sie spüren davon praktisch nichts. Und bis Sie es merken, ist die Kraftverteilung auch schon wieder ganz anders. Der Vierradantrieb sorgt mit der optimalen Verteilung zwischen Vorder- und Hinterachse für die nötige Sicherheit.

Auf der anderen Seite bringt der neue Vierradantrieb keine Einbußen in der Agilität. Sondern entlastet den Fahrer. Besonders dann, wenn es darauf ankommt.

Unmöglich? Nein, Porsche.

Eine Visco-Lamellenkupplung im Getriebegehäuse übernimmt die Kraftverteilung zwischen Vorder- und Hinterachse. Die Außenlamellen sind mit dem Gehäuse verbunden, die Innenlamellen mit der Nabe. Dazwischen befindet sich Silikonöl.

Sobald die Drehzahl von Vorder- und Hinterachse voneinander abweicht, überträgt sich das anliegende Drehmoment aufgrund der Flüssigkeitsreibung von der schneller auf die langsamer drehende Lamellenseite. Mindestens 5% der Kraft sind ständig an der Vorderachse wirksam. Im normalen Fahrbetrieb sind es bis etwa 35%. Im Extremfall bis zu 40%. Ein fahrdynamisches Sperrensystem an der Hinterachse, bestehend aus einem automatischen Bremsendifferential (ABD) und einem mechanischen Sperrdifferential, vermeidet ein Durchdrehen der Antriebsräder und verringert Lastwechselreaktionen in Kurven. Die sensible Reaktion der Visco-Lamellenkupplung in Verbindung mit dem fahrdynamischen Sperrensystem sorgt für optimales Handling und hohe Fahrstabilität.

Die Leistung des 911 Turbo gibt es nur mit Vierradantrieb.

Sie bekommen die 300 kW (408 PS) des 911 Turbo nur zusammen mit dem Vierradantrieb. Er garantiert, daß Sie die Leistung immer dann, wenn es wirklich darauf ankommt, sicher auf die Straße bringen.

Ein Auto mit diesem Leistungspotential kann auf Vierradantrieb nicht verzichten. Nur so erreicht es beste Fahrdynamik sowie das ausgewogenste und sicherste Fahrverhalten bei maximaler Traktion.
Der Vierradantrieb ist darüber hinaus Serienbestandteil bei den Modellen Carrera 4, Carrera 4 Cabriolet und Carrera 4S.

Beim Allradantrieb scheiden sich unter den Porsche-Fans die Geister. Die einen betrachten ihn als willkommene Hilfe, die anderen vermissen die Agilität des Hecktrieblers.

GENUSS OHNE REUE

Porsche 911 Carrera, Carrera 4,
Turbo, GT2 (Typ 996)
Modelljahre 1998 – 2004

GENUSS OHNE REUE

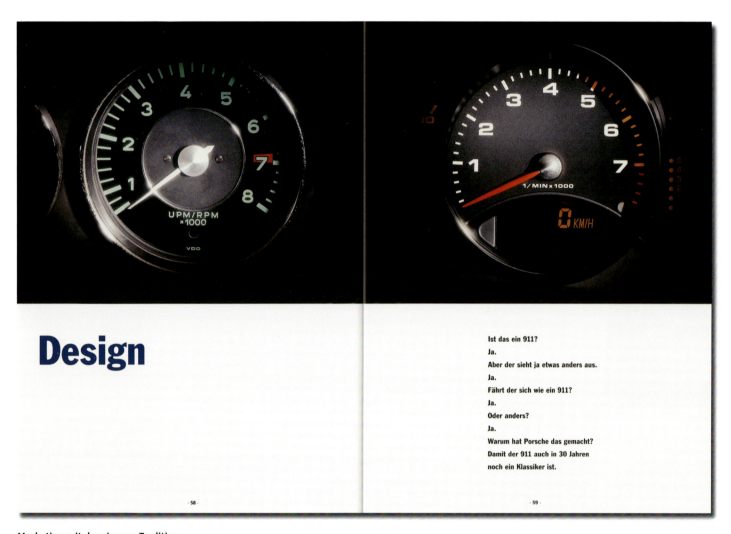

Design

Ist das ein 911?
Ja.
Aber der sieht ja etwas anders aus.
Ja.
Fährt der sich wie ein 911?
Ja.
Oder anders?
Ja.
Warum hat Porsche das gemacht?
Damit der 911 auch in 30 Jahren
noch ein Klassiker ist.

Marketing mit der eigenen Tradition – bei kaum einer anderen Automarke funktioniert das so gut wie bei Porsche.

Es musste ja so kommen. Wehmütig erinnern sich Traditionalisten an einen luftgekühlten, je nach Drehzahl brummelnden bis kreischenden Sechszylinder-Boxer. Vorbei. Am 31. März 1998 läuft der letzte luftgekühlte Elfer vom Band. Gut 400 000 wurden gebaut, jetzt verlässt der Charakterdarsteller, von Emissionsschutzgesetzen ausgebremst, die Bühne. An seine Stelle tritt der neue 911 mit der Typbezeichnung 996, dessen Verkaufspros-

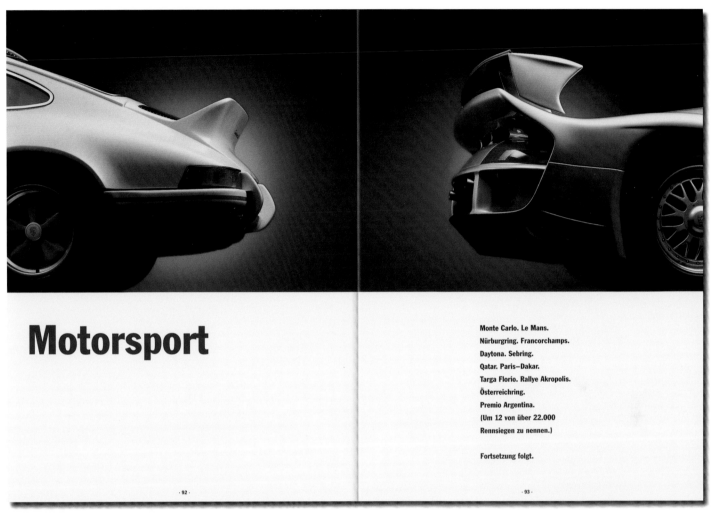

Motorsport

Monte Carlo. Le Mans.
Nürburgring. Francorchamps.
Daytona. Sebring.
Qatar. Paris–Dakar.
Targa Florio. Rallye Akropolis.
Österreichring.
Premio Argentina.
(Um 12 von über 22.000
Rennsiegen zu nennen.)

Fortsetzung folgt.

Porsche fühlt sich dem Motorsport verpflichtet und betont im Prospekt, dass viele auf der Rennstrecke erfolgreiche Konstruktionen in die Serie eingeflossen seien.

pekt erstmals einen programmatischen Titel trägt: »Evolution 911«. Revolution wäre treffender gewesen – schließlich räumen die Prospektmacher von vornherein ein: »Der neue 911 ist von Grund auf eine Neuentwicklung.« Und so appellieren sie an die traditionsbewusste Kundschaft: »Wir wissen, dass wir unseren Freunden so viel an Veränderungsgeschwindigkeit zumuten wie nie zuvor. Wir werden Ihnen mit dem neuen 911 so viel Porsche bieten wie nie zuvor.«

GENUSS OHNE REUE

Die Silhouette erfreut den Porsche-Fan. Obwohl die Konstrukteure beim Typ 996 keinen Stein auf dem anderen gelassen haben, ist er sofort als Elfer zu erkennen.

GENUSS OHNE REUE

**Die Instrumente.
Der Ursprung aller Informationen.**

Die klassischen 5 Rundinstrumente des 911 wurden weiterentwickelt. Sie bilden nun eine optische Einheit. Nach wie vor befindet sich der analoge Drehzahlmesser in der Mitte, die Geschwindigkeitsanzeige links daneben. So haben Sie die wichtigsten Informationen mit einem Blick.

Unterhalb der analogen Instrumente befinden sich digitale Anzeigen. In der Mitte auf Wunsch gleichzeitig das Display des Bordcomputers mit Anzeigen für Fahrgeschwindigkeit, Durchschnittsverbrauch, Restreichweite, Außentemperatur sowie akustischer Warnung bei Überschreiten eines voreingestellten Tempos. Links daneben die digitale Kilometer- und Tageskilometeranzeige inklusive Zeituhr.

Rechts neben dem Drehzahlmesser lesen Sie Kühlflüssigkeitstemperatur, Tankfüllung und bei Fahrzeugen mit Tiptronic S auch die gewählte Gangstufe ab. Darunter liegt die neue digitale Ölstandskontrolle, die eine bequeme Messung vom Fahrersitz aus ermöglicht. Ganz rechts schließt sich die Öldruckanzeige an. Ganz links die analoge Batterieanzeige.

Alle Digitalinstrumente passen Helligkeit und Kontrast automatisch an die Umgebung an. Die Neigung der Gläser vor analogen Instrumenten haben wir so gewählt, dass keine Spiegelungen auftreten. Alle Instrumente sind jederzeit gut ablesbar.

Die Beleuchtung ist farblich auf die Beleuchtung der Schalttafel abgestimmt.

Die Kontrolleuchten für Fernlicht und Blinker befinden sich wie üblich im Bereich des Drehzahlmessers. Alle anderen Warnleuchten auf einer Leiste unterhalb der Instrumente.

Die Schalttafel.

Sämtliche Bedienelemente der Schalttafel sind gut zugänglich und nach Wichtigkeit bzw. Häufigkeit der Benutzung angeordnet. Mit ihrer eigenständigen Form und der schwarzen Glanzoptik heben sie sich wohltuend von der Schalttafel und auch von herkömmlichen Schaltern ab.

Porsche ist übrigens nach wie vor der einzige Serienhersteller der Welt, der auf Wunsch das komplette Armaturenbrett mit Leder überzieht. Jede Naht wird von Hand gesetzt. Das kostet zwar etwas mehr – ist dafür aber auch etwas exklusiver.

Eine gravierende Designänderung im 996 betrifft das Cockpit. Statt der traditionellen sogenannten Fünfergruppe mit fünf einzelnen Rundinstrumenten kommt nun eine Kombination aus ineinandergeschachtelten Instrumenten zum Einsatz.

Der Mensch gewöhnt sich an vieles, sogar an wassergekühlte Boxermotoren. Und so wundert es wenig, dass »auto motor und sport« bald wieder schreibt: »Der Klassiker Carrera 2 bleibt die Nummer eins. In seiner aktuellen Form ist er der beste Elfer aller Zeiten.« Diese Aussage fällt in einem Testbericht, der die komplette Porsche-Modellpalette des Jahres 2000 vergleicht: Boxster, Boxster S, Carrera 2, Carrera 4, 911 Turbo und den Supersportwagen

GENUSS OHNE REUE

GENUSS OHNE REUE

Nach dem Carrera 4 kommt auch der Turbo mit dem Fahrdynamiksystem PSM. Im Prospekt beschreiben Text und Grafiken seine Funktionsweise.

GT3. Ein Foto zeigt: Von vorne sehen sie alle irgendwie gleich aus, und so äußert Autor Götz Leyrer in der Bildunterschrift vorsichtige Kritik: »Eine stärkere Differenzierung des Stylings steht auf der Wunschliste.«

Sehr viel deutlicher wird »Auto Bild«: »Gegen Spiegeleier lässt sich im Grunde nichts sagen. Es sei denn, sie zieren die Front der deutschen Sportwagen-Ikone schlechthin – dann ist die Grenze des guten Geschmacks eindeutig überschritten. Wovon die Rede ist? Von den unsäglich schwülstigen Scheinwerfern im Gesicht des Porsche 996.« Fairerweise muss man hinzufügen, dass »Auto Bild« sich erst so weit aus dem Fenster lehnt, als der Nachfolger schon für Testfahrten vor der Redaktionstür steht. Das »Auto Magazin« nörgelt schon im November 1998: »Über vieles können sich Traditionalisten unter den Porsche-Fans beschweren. Beim aktuellen 911er ist der Charakter verwässert, das Cockpit zu verspielt, der Tank zu klein, der Motor nicht mehr heiser genug. Stimmt alles!« Doch über Leistungsmangel dürfe

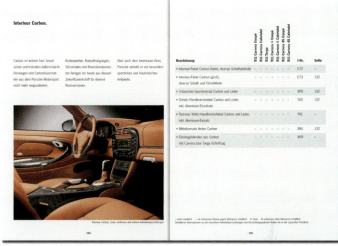
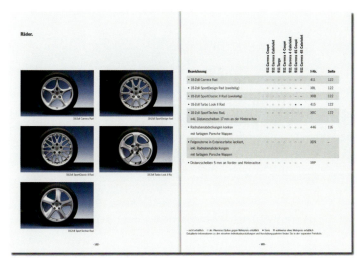

man sich nun wahrlich nicht beklagen. Schließlich sei der Carrera mit 300 PS und 280 km/h Spitze schneller denn je. Was nicht ganz stimmt. Identische Daten wies auch schon der luftgekühlte Carrera der Modelljahre 1996/97 auf – sofern für knapp 13 000 Mark das vom Werk angebotene Leistungssteigerungskit geordert wurde.

Weil für die meisten Porsche-Kunden nur das Beste gut genug ist, greifen sie bei den Extras beherzt zu. Auch ein Navigationssystem ist jetzt lieferbar.

GENUSS OHNE REUE

**Sportwagen kommen.
Sportwagen gehen.
Legenden leben weiter.**

Die 911 Baureihe.

Es gibt nicht viele Dinge, die mehr geben, als wir verlangen. Und für die wir uns immer mehr begeistern können, je länger wir sie kennen. Der 911 ist ein solches Faszinosum. Noch Jahrzehnte nach seinem Debüt 1963 auf der IAA in Frankfurt wirkt er innovativ und dynamisch wie am ersten Tag. Das verdankt er kontinuierlicher Modellpflege und richtungweisenden Entwicklungen, die bis heute den Führungsanspruch von Porsche im internationalen Sportwagenbau unterstreichen. Denn mit dem 911 hat Porsche ein Fahrzeug geschaffen, das seine Fahrer nicht durch einzelne vermeintliche Innovationen, sondern in seiner Gesamtkonzeption begeistert. Mit all seinen charakterstarken Eigenschaften. Ohne Wenn und Aber.

Sportlichkeit, Komfort, Technik, Design, Agilität und Sicherheit verschmelzen hier trotz ihrer gegensätzlichen Ausprägungen zu einer harmonischen Einheit.

Das war, ist und bleibt die Erfolgsformel 911.

Porsche nimmt sich die Kritik an den »Spiegeleier«-Scheinwerfern zu Herzen und spendiert der zweiten 996-Generation Blinker mit dezenterem Klarglas – doch die Tränenform bleibt.

Nachdem Leistung reichlich vorhanden ist, bietet Porsche seiner Kundschaft im Herbst 1998 nun noch mehr Sicherheit an – in Form eines neuen Allradantriebs, der kombiniert ist mit der Fahrdynamikregelung PSM (Porsche Stability Management). »Zur Vermeidung unschöner Ausrutscher setzt Porsche einen elektronischen Fahrstabilisator ein – und fürchtet den verletzten Stolz der Kundschaft«, weiß »Der Spiegel«, der sich das System von Walter

Selbst dem perfektesten Fahrzeug setzt Porsche noch eins drauf.

Und zwar das Hardtop. Serienmäßig. Es ist aus hochfestem Aluminium gefertigt, wiegt ca. 33 kg und läßt sich mit wenigen Handgriffen montieren. Seine Innenseite ist mit schalldämmendem Textil bezogen. Alle Innenverkleidungen sind auf das Interieur des Fahrzeugs abstimmt.

Auch als 911 Carrera 4 Cabriolet und 911 Carrera 4S Cabriolet.

Das 911 Carrera Cabriolet gibt es übrigens auch mit Vierradantrieb und serienmäßigem Porsche Stability Management (PSM) als 911 Carrera 4 Cabriolet sowie 911 Carrera 4S Cabriolet. Wenn Sie möchten. (Siehe Seite 34/ Vierradantrieb und Seite 40/ 911 Carrera 4S Cabriolet.)

Das Windschott.

Auf Wunsch erhalten Sie ein im Windkanal entwickeltes Windschott (beim 911 Carrera 4S Cabriolet ist das Windschott serienmäßig). Es ermöglicht zugarmes Fahren, läßt sich mit wenigen Handgriffen montieren und paßt zusammengeklappt in den Kofferraum. (Siehe Seite 118/Individualisierung.)

Das Stoffverdeck des Cabrios wird durch ein serienmäßiges Hardtop ergänzt.

Röhrl vorführen lässt. Auch den sogenannten »Spaßschalter«, der das PSM vorübergehend außer Funktion setzt und spektakuläre Powerslides ermöglicht. Allerdings keine Drifts im klassischen Rallyestil mit dem linken Fuß auf der Bremse und dem rechten auf dem Gas, wie vom zweifachen Rallyeweltmeister gewünscht. Denn solche Manöver beherrschen nur ganz wenige Könner, wie ein Porsche-Versuchsfahrer dem »Spiegel« drastisch darlegt: »So

GENUSS OHNE REUE

**Ein Dach über dem Kopf.
Mal mehr, mal weniger.**

Die Betätigung des Glasdachs erfolgt über einen Kippschalter in der Mittelkonsole.

Es wird zunächst abgesenkt und kann dann problemlos und stufenlos in jede Position gefahren werden.

Die klappbare Glas-Heckscheibe wird vom Innenraum aus betätigt oder per Fernbedienung im Fahrzeugschlüssel.

Aus Sicherheitsgründen kann die Glas-Heckscheibe nur bei geschlossenem Glasdach geöffnet werden. Genauso wie das Öffnen des Glasdachs nur bei geschlossener Heckscheibe möglich ist. Mit dem Hochklappen der Heckscheibe schalten sich automatisch 2 Innenraumleuchten ein. Das Schließen der Heckscheibe erfolgt durch eine elektrische Zuziehhilfe.

Insgesamt erzeugt das Dach eine optische Durchgängigkeit des Themas Glas. Von der Front- bis zur Heckscheibe. Das unterstreichen außerdem die Windlaufblende zwischen Frontscheibe und Glasdach sowie die seitlichen Dachleisten, die unabhängig von der Außenfarbe Ihres 911 Targa schwarz hochglänzend lackiert sind.

Der 911 Targa.
Eine Ausnahmeerscheinung.
Und ganz 911.

· 28 ·   · 29 ·

**Mit einem riesigen Glasschiebedach
definiert Porsche die Targa-Idee neu. Der
Targa ist der erste 911 mit Heckklappe.**

jesusmäßig fährt doch keine Sau.« Deshalb greift beim leichtesten Antippen der Bremse die elektronische Supernanny gleich wieder sehr energisch ein – und bewahrt Fahrer und Karosse vor unfreiwilliger Kaltverformung.

Umkippen würde der Elfer wohl nicht wie jene A-Klasse beim Elchtest, die das System – im Mercedes ESP (Elektronisches Stabilitätsprogramm) genannt – eher unfreiwillig populär gemacht hat.

Offenheit setzt voraus, daß man sich zu 100 % auf den anderen verlassen kann. Trotzdem ein paar Worte zu seiner Sicherheit.

Der 911 Turbo steht für Hochleistung. Das gilt für seine Fahreigenschaften. Aber auch – oder besser – gerade deswegen für sein Sicherheitskonzept. Das neue 911 Turbo Cabriolet ist deshalb nicht nur eines der stärksten Cabriolets, sondern auch eines der sichersten.

Trotz des geringen Gewichts finden Sie bei der Karosserie eine für 2+2-sitzige Cabriolets vorbildliche Steifigkeit vor, die selbst bei Fahrbahnunebenheiten nur minimale Verwindungen zuläßt.

Zum Schutz der Insassen bei einem Überschlag besitzt das 911 Turbo Cabriolet neben der verstärkten A-Säule ein automatisch ausfahrendes Überroll-Schutzsystem. Es besteht aus 2 stabilen, durch Federkraft vorgespannten Aluminiumbügeln, die sich in einer Kassette hinter den Rücksitzen befinden. Ein zentraler Überrollsensor überwacht ständig Karosserieneigung, Beschleunigung und Erdanziehung. Im Notfall löst er in Bruchteilen von Sekunden die gepolsterten Überrollbügel aus.

Selbstverständlich steht Ihnen auch beim 911 Turbo Cabriolet neben 2 Fullsize-Airbags für Fahrer und Beifahrer serienmäßig POSIP (Porsche Side Impact Protection System, siehe Seite 54) mit Seitenairbags und energieaufnehmenden Türtafeln zur Verfügung. Durch das große Volumen des Seitenairbags von 30 Litern wird neben dem Schutz des Brustkorbs auch der Schutz des Kopfbereichs der Insassen erhöht. Selbst bei komplett geöffneten Fenstern.

Fazit: Wohin Sie unterwegs sind, ist allein Ihre Sache. Wie sicher Sie unterwegs sind, auch unsere. Ein Grund, warum Offenheit auch Entspannung bedeutet. Und was das bei einem 911 Turbo heißt, wissen Sie ja.

Überrollbügel stören die Karosserielinie. Deshalb werden sie nur im äußersten Notfall sichtbar.

»Nein, ein Porsche 911 der Baureihen 996 fällt nicht um, auch wenn 20 Elche gleichzeitig vor ihm auftauchen«, vermutet die »Gute Fahrt«, die sich zwar fragt, ob Allrad plus PSM ein »Fahrspaßverhinderer« sei, die Antwort darauf aber schuldig bleibt. Die gibt das »Auto Magazin«: »Der Allrad nimmt etwas vom Fahrspaß.« Autor Daniel Roeseler stellt fest: »Die etwas ungehobelten – aber auch liebenswerten – Manieren des alten 911er hat der neue

GENUSS OHNE REUE

GENUSS OHNE REUE

Mit Anpassung allein hätten wir es nie so weit gebracht. Sie sicher auch nicht.

1974 stellten wir auf dem Pariser Autosalon einen Sportwagen vor, der Maßstäbe setzen sollte. Entgegen damaliger Konventionen legten wir ihn auf Leistung aus. Kompromißlos in allen Bereichen. Ein Auto für Fahrer, denen Souveränität, Leidenschaft und Emotionen wichtig waren.

Der 911 Turbo hatte schon immer sein eigenes Ich. Er orientierte sich nie an den Werten anderer Supersportwagen. Er orientierte sich am Leistungsgedanken. Für viele Fahrer war er der Sportwagen schlechthin. So lange, bis es einen neuen Turbo gab.

Wenn Sie heute das erste Mal im 911 Turbo Platz nehmen, werden Sie feststellen, bei Porsche hat sich nichts geändert. Wieder haben wir mit Konventionen gebrochen. Wieder setzt er Maßstäbe. Und wieder ist er ein Tribut an das Leistungsprinzip.

Wir sind uns sicher: Der 911 Turbo wird bei jedem Fahrer Eindrücke hinterlassen, die sich mit nichts vergleichen lassen. Und so abermals zu einer Angelegenheit werden, die nicht nur sehr emotional, sondern auch sehr persönlich ist.

Zugegeben, etwas anderes würde auch keiner erwarten – Sie sicher auch nicht.

Ein schöner Rücken kann nicht nur entzücken, er kündet auch von viel Kraft.

Carrera 4 endgültig abgelegt. Das einst wilde Tier 911 wurde durch den Allradantrieb und das Stabilisierungsprogramm nun vollends gezähmt. Beruhigend, aber auch ein wenig enttäuschend zugleich.«

Aber nicht für die Porsche-Geschäftsleitung, die nun mit Rekordumsatz, Rekordgewinn und Rekordwartezeiten die Früchte ihrer Modellpolitik erntet, die »auto motor und sport« so beschreibt: »Wendelin Wiedeking, Vorstandschef bei Porsche, hat die Modell-

GENUSS OHNE REUE

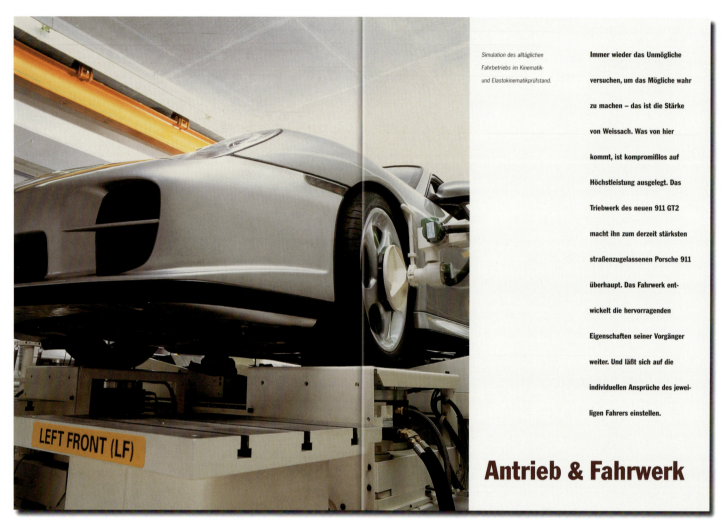

Simulation des alltäglichen Fahrbetriebs im Kinematik- und Elastokinematikprüfstand.

Immer wieder das Unmögliche versuchen, um das Mögliche wahr zu machen – das ist die Stärke von Weissach. Was von hier kommt, ist kompromißlos auf Höchstleistung ausgelegt. Das Triebwerk des neuen 911 GT2 macht ihn zum derzeit stärksten straßenzugelassenen Porsche 911 überhaupt. Das Fahrwerk entwickelt die hervorragenden Eigenschaften seiner Vorgänger weiter. Und läßt sich auf die individuellen Ansprüche des jeweiligen Fahrers einstellen.

Antrieb & Fahrwerk

Porsche testet seine Fahrzeuge in Weissach auf dem Prüfstand, aber auch in freier Wildbahn bei Klimatests in Lappland, Kanada, den USA und Afrika.

Landschaft des schwäbischen Sportwagenbauers radikal planiert. Wo früher Vier-, Sechs- und Achtzylinder-Autos in bunter Vielfalt sprossen, herrscht jetzt nahezu Monokultur. Nur noch ein Sechszylinder-Boxermotor als technische Basis ...« Dass man daraus sechs Autos mit sehr unterschiedlichen Charakteren formen kann, zeigt der eingangs erwähnte Vergleichstest, in dem Götz Leyrer den Gusseisernen den GT3 empfiehlt: »GT3 bedeutet Porsche pur. Dies ist ein Sportwagen, der noch gebändigt werden will.

Erprobung unter Dauerbelastung: die Porsche Ceramic Composite Brake auf dem Bremsenprüfstand.

Der 911 GT2 ist nicht nur auf äußerst sportliches Fahrverhalten ausgelegt, sondern auch auf höchste aktive und passive Sicherheit in jeder Situation. Seine Sicherheitsreserven halten selbst Belastungen unter härtesten Bedingungen stand. Und das nicht nur im Motorsporteinsatz. Vor allem im Alltag setzt er neue Maßstäbe in puncto Souveränität.

Sicherheit

Ohne irgendwelche Fahrwerkselektronik stellt er die höchsten Ansprüche an den Fahrer.« Dennoch setzt er dem Carrera 2 die Porsche-Krone auf: »Die erstklassige Traktion durch den Heckmotor, das völlig vibrationsfreie Hochdrehen und die geringen Drehzahlsprünge nach dem Hochschalten vereinen sich zusammen mit dem faszinierenden Sound des wassergekühlten Boxers zu einem Fahrerlebnis, das süchtig machen kann. Vor allem, weil es ein Genuss ohne Reue ist.«

Im Rennsport sammelte Porsche viel Erfahrung mit Keramik-Bremsscheiben. Jetzt geht die Technologie in die Serie ein.

TYPISCH PORSCHE

Porsche 911 Carrera, Carrera S,
Turbo, GT3 (Typ 997)
Modelljahre 2005 – 2008

TYPISCH PORSCHE

Der neue 911

**Wir haben jahrelang an ihm gearbeitet.
In 5 Sekunden wissen Sie, wie intensiv.**

Ein Strich auf einem weißen Blatt Papier.
Der Anfang der Weiterentwicklung. Eigentlich wie immer.
Dann haben wir das Blatt weggeworfen.

Also: ein neues Blatt Papier. Ein neuer Strich – diesmal noch
viel klarer gezogen als sonst. Vom ersten Millimeter an: präzise.
Nichts zuviel. Nichts zuwenig. Kein Fett. Keine Experimente.
Keine Vision – sondern eine klare Vorstellung. Und messerscharfes
Denken. Noch schärfer als sonst. Noch exakter. Noch mehr 911.

Das Ergebnis: der neue 911.

Gleich vorweg: Er ist anders.
Er ist stärker, dynamischer, bissiger geworden. Auch äußerlich.
Seine Technik ist exakt. Seine Alltagstauglichkeit vorbildlich.
Seine Wirkung intensiv. Sie macht keine Umwege. Sie ist direkt.
Sie kommt unvermittelt. Und erzeugt pure Emotion.

So gesehen, bleibt also alles beim alten.
Eben alles anders.

· 6 ·

Die Sprache des neuen 911-Prospektes ist etwas kryptisch. Dafür entschädigt das klare Design des neuen 911. Besonders wichtig: Die Scheinwerfer stehen wieder steiler und sind nahezu rund.

Die »Spiegeleier« sind weg. Keine Tränen mehr. Und alles jubelt. »Wie der letzte echte (und natürlich noch luftgekühlte) Elfer – der Typ 993 – schaut uns Porsches jüngster Spross künftig wieder aus zwei klaren, runden Augen an, die Blinker sitzen davon getrennt im Stoßfänger«, freut sich »Auto Bild«. Die Kollegen von »auto motor und sport« hatten es schon Mitte 2002 prophezeit: »Porsche hält auch beim 911-Nachfolger an der über Jahrzehnte gepflegten Designlinie fest. Die Änderungen sind evolu-

Schön, wenn die Spannung in einer Geschichte nicht nachläßt.

Die neue 911 Baureihe.

1963 feiert Porsche die Premiere des 911. Damit beginnt eine Geschichte, die die Menschen auf der ganzen Welt bis heute nicht mehr losgelassen hat.

Seine Erfolgsformel ist sein harmonisches Gesamtkonzept: eine unverwechselbare Silhouette und Technik, die nichts dem Zufall überläßt. Sondern Ihnen jederzeit das Gefühl von Kontrolle gibt.

Keine Spielereien. Keine kurzlebigen Trends. Ein Sportwagen ohne Wenn und Aber. Aber mit Charakter. Auf der Straße. Und auf der Rennstrecke – was der 911 in über 14.000 von insgesamt 23.000 Porsche Rennsiegen bewiesen hat.

Erfolge, die ohne eine enge Verbindung von Fahrer und Technik undenkbar wären. Eine Verbindung, die auch abseits der Piste wirkt.

Der 911 ist auch ein Sportwagen für den Alltag – kein alltäglicher Sportwagen. Ein technisches Präzisionsinstrument, das – in den richtigen Händen – seine Kräfte genau dann entfaltet, wenn Sie es wünschen.

Den stärkeren Carrera S erkennt man nur von hinten – am Schriftzug und der Doppelrohrauspuffanlage.

tionärer Natur: Rückkehr zu klassischen Stilelementen und obendrauf eine Portion mehr Leistung.« Solch essenzielle Erkenntnisse gleich in den Vorspann zu schreiben ist nicht nur journalistische Pflicht, sondern auch ein Betablocker für hypernervöse 911-Enthusiasten. Reporter Thomas Fischer weiß, was die Menschen plagt: »Wie vor jedem Modellwechsel geht ein Raunen durch die Reihen der gusseisernen Elfer-Fans: Bleibt der Charakter erhalten? Oder droht eine Verweichlichung? Bleibt Porsche seiner Designlinie treu?«

TYPISCH PORSCHE

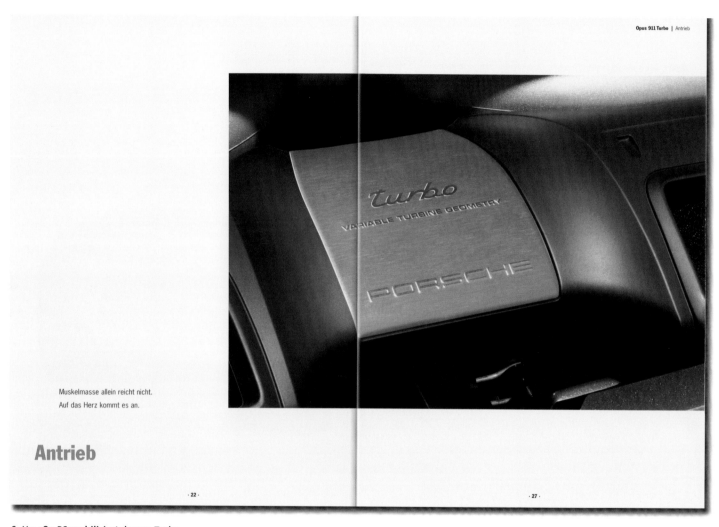

Muskelmasse allein reicht nicht.
Auf das Herz kommt es an.

Antrieb

Satte 480 PS mobilisiert der 911-Turbo-Motor und beschleunigt den Boliden in 3,9 Sekunden auf Tempo 100.

Obwohl Fischer meint, solche Fragen könne man sich eigentlich schenken, gibt er die beruhigende Antwort: »Auch diesmal ist stilistisch wieder nur Körperpflege angesagt, auch wenn hartgesottene Elfer-Fanatiker jede noch so behutsame Designänderung als Körperverletzung empfanden, um das neue Modell dann doch in ihr Herz zu schließen und zu kaufen.« Der Mann kennt seine Pappenheimer. So erläutert er die wichtigste Änderung anhand einer

Viele Entwicklungen gehen weiter und weiter.
Eine bewegt sich dabei von Höhepunkt zu Höhepunkt.

Der neue 911 Turbo.

1905 gilt als das Geburtsjahr des Turboladers. Der Schweizer Ingenieur Dr. Büchi meldet seine Entwicklung der Gleichdruck- bzw. Stauaufladung zum Patent an. Er wollte den Wirkungsgrad des Verbrennungsmotors verbessern. Das Prinzip: die Energie der Abgasströme einer nützlichen Verwendung zuzuführen.

Der erste aufgeladene Motor wurde 1910 von Murray-Willat gebaut. Auch die Flugzeugbauer begrüßten die neue Technologie, da sich durch den Turbo die Leistungseinbuße der Motoren durch den niedrigen Sauerstoffgehalt der Luft in größeren Höhen deutlich reduzieren ließ.

Porsche erkannte frühzeitig weitere Vorteile der Turboaufladung, vor allem für Leistungszugewinn bei vergleichsweise kleinem Hubraum. So gelang es, Triebwerke mit kompakten Abmessungen und geringerem Gewicht zu entwickeln.

Bei der Turboaufladung treibt der Abgasstrom ein Turbinenrad an, das wiederum ein Verdichterrad im Ansaugtrakt in Drehung versetzt. Die angesaugte Luft wird verdichtet – der Motor hat mehr Verbrennungsluft zur Verfügung und kann somit mehr Kraftstoffgemisch verbrennen. Wird die komprimierte Luft vor der Verbrennung zusätzlich abgekühlt, kann der Füllgrad der Zylinder sogar noch weiter erhöht werden. Ein derartiger Ladeluftkühler wurde erstmals von Porsche 1977 im 911 Turbo 3.3 eingesetzt.

Ein kräftiger Rücken mit markantem Heckspoiler charakterisiert alle sechs Generationen des 911 Turbo.

fotorealistischen Computerretusche: »Die Scheinwerfer weisen keine Tränenform mehr auf und sitzen wie beim 993 steiler in den bauchigeren Kotflügeln. ... Völlig neu ist die komplette Bugschürze mit üppigeren Lufteinlässen und einem breiten Leuchtenband darüber, in dem sich Blinker und Nebellampen verbergen.«
»Auto Bild« ergänzt: »Eine breitere Spur, stärker modellierte Kotflügel und der wohlproportionierte Knackpo verleihen dem 911

TYPISCH PORSCHE

Individualisierung

**Die Entwicklung des 911 geht weiter.
Jetzt sind Sie an der Reihe.**

Wie nahe kann man einem Ideal kommen? Man könnte es in
Millimetern ausdrücken – z.B. bei einer Tieferlegung. Man
könnte es in Sekunden messen – mit besseren Rundenzeiten.

Wir zählen es in Jahren.
Über 40 sind es inzwischen, um präzise zu sein.

Das Ergebnis dieser Entwicklung: Mit dem neuen 911 sind wir
unserem Ideal wieder etwas näher gekommen. Wie eigentlich
mit jedem 911 vor ihm.

Und dennoch: Letzten Endes entscheiden nur Sie
– ganz individuell –, wie Ihr Ideal aussieht.

Das umfangreiche Individualisierungsangebot auf den folgenden
Seiten läßt Ihnen dabei viel Entscheidungsfreiheit.

Mit dem Chronopaket hat der Elfer-Fahrer die Möglichkeit, Rundenzeiten auf der Rennstrecke zu messen.

TYPISCH PORSCHE

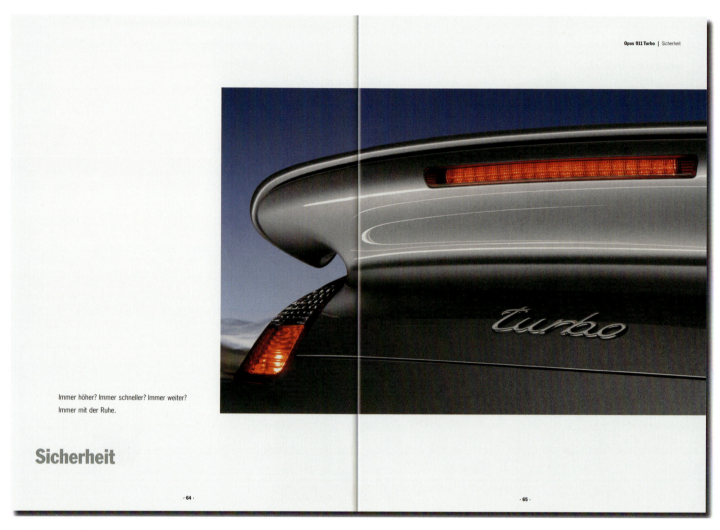

Immer höher? Immer schneller? Immer weiter?
Immer mit der Ruhe.

Sicherheit

Die dritte Bremsleuchte ist im Heckspoiler des Turbo integriert.

zudem wieder jene dynamische Sportlichkeit, die uns beim Vorgänger (zumindest optisch) fehlte. Um die so geweckten Erwartungen auch zu befriedigen, spendiert Porsche außerdem einen Leistungszuschlag.« Das zu erwähnen ist eigentlich überflüssig, denn die gab es – bis auf eine Ausnahme – bei jedem Modellwechsel. Doch die Zahlen beeindrucken auch den hartgesottenen Hamburger Tester: »Neben dem ›normalen‹ Carrera, der aus dem 3,6-

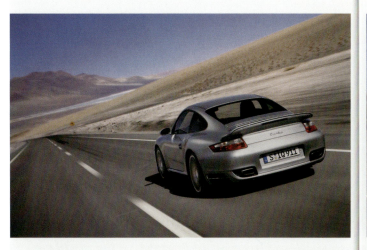

Der Prospekt zeigt den Wunschtraum von Porsche-Piloten: leere Straßen.

Liter-Boxer jetzt 325 statt 320 PS schöpft, setzt der Carrera S hier Duftmarken. Mit 355 PS aus 3,8 Litern Hubraum und 400 Nm Drehmoment schafft der S den Sprint auf Tempo 100 in 4,8 (Carrera 5,0) Sekunden, geht ihm erst bei 293 (Carrera 285) km/h die Puste aus.« Die wichtigsten Zahlen jedoch stammen aus der Preisliste. Für 75 200 Euro rollt der Carrera, für 85 176 Euro der Carrera S an den Start, was den »Auto Bild«-Mann zu dem Urteil veran-

TYPISCH PORSCHE

lasst: »Der Carrera kostet also nur 696 Euro mehr als bisher – was für eine derart gelungene Schönheitsoperation nicht zu viel verlangt ist.«

Während Fans mit heißem Herzen diskutieren und Journalisten in wohlgesetzten Worten die Vorteile der Neuen beschreiben, bleibt man bei Porsche ganz cool. Nicht nur in der Vorstandsetage, wo man sich angesichts übervoller Auftragsbücher und anstehender Rekordumsätze die Hände reibt. Der öffentliche Auftritt im Katalog mit dem Titel »Präzision 911« ist von kühler Sachlichkeit geprägt, die Fotos ebenfalls. Dazu steht der Text in einem schon beinahe krassen Gegensatz. Stakkatoartig wirft man – speziell am jeweiligen Kapitelanfang – der Kundschaft Satzfetzen an den Kopf, deren Informationsgehalt eher gering ist, die aber wohl dynamisch wirken sollen. Beispiel gefällig? »Ein Strich auf einem weißen Papier. Der Anfang der Weiterentwicklung. Eigentlich wie immer. Dann haben wir das Blatt weggeworfen. Also ein neues Papier …«

Glücklicherweise sind die Fahrzeugentwickler deutlich besser geerdet als die Katalogtexter, wie der Journalist Jürgen Zöllter feststellt, der für die »Automobil Revue« die 997-Abschlusstests in Südafrika begleitet und beobachtet: »Eine Mannschaft aus Fahrwerk-, Motoren- und Qualitätsspezialisten um Carrera-Baureihenleiter August Achleitner quält hier zwei Wochen lang den neuen Porsche 911 Carrera, Projektnummer 997.« Die Frage »Warum gerade Afrika?« beantwortet Achleitner so: »Das gnadenlose Klima, hervorragende Asphaltstraßen, mörderische Staubpisten, die problemlose Handhabung von Ausnahmegenehmigungen. Hier finden wir ideale Testbedingungen vor.«

Leere Straßen und der Aufkleber mit der Aufschrift »Government Approved Highspeed Testing Vehicle« ermöglichen den Testfahrern, den Carreras straflos die Zügel schießen zu lassen. Die anschließende Fahrt über die Geröllpiste erzeugt nicht nur beim Schreiber Qualen: »Steine trommeln an die Wände der Radhäuser,

**Aktive Sicherheit: die Beleuchtung.
Technik für helle Köpfchen.**

Beim 911 Turbo serienmäßig: eine Bi-Xenon-Scheinwerferanlage mit tageslichtähnlicher Lichtfarbe. Die kompakten Hauptscheinwerfer sorgen für eine breite und homogene Ausleuchtung der Fahrbahn. Für mehr Sicherheit – besonders in langgezogenen, unübersichtlichen Kurven.

Die Bi-Xenon-Scheinwerfer beinhalten ein Gasentladungs-Lichtsystem mit dynamischer Leuchtweitenregulierung. Diese vermeidet bei unterschiedlichen Beladungen oder Nickbewegungen des Fahrzeugs die Blendung des Gegenverkehrs. Die Helligkeit ist rund zweimal so hoch wie die einer Halogenlampe. Eine Scheinwerferreinigungsanlage (SRA) ist ebenfalls serienmäßig.

Die stegförmigen Blinker ragen frei in die äußeren Lufteinlässe des Bugteils. Ihre Hochleistungs-LEDs sind besonders hell und gut sichtbar.

Die separaten Nebelscheinwerfer im Bugteil sind serienmäßig und tragen zum einzigartigen Design des neuen 911 Turbo bei.

Die dritte Bremsleuchte im Heck ist für ein noch schnelleres Ansprechen in LED-Technik ausgeführt.

Damit Sie von anderen besser gesehen werden, sind Türsicherungs- und Ausstiegsleuchten an der Türinnenseite angebracht. Sie beleuchten den Ausstiegsbereich (weiß) und signalisieren dem nachfolgenden Verkehr das Öffnen der Tür (rot).

Scheinwerfer mit Bi-Xenon-Technik

Dritte Bremsleuchte

Für aktive Sicherheit im 911 sorgt nicht nur die ausgeklügelte Beleuchtung, sondern auch elektronisch geregelte Stoßdämpfer (Bild links).

prasseln auf den Unterboden, oft sogar gegen die Scheibe; der Carrera stöhnt.« Der Journalist weiß: »Es sind mechanische Belastungen, die kein Besitzer seinem 911er zumuten würde.« Warum also diese Tortur? Die Antwort gibt der für Qualitätssicherung zuständige Benno Brandlhuber: »Damit die Biester später problemlos laufen, müssen wir sie gründlich abhärten! Unser Anspruch be-

TYPISCH PORSCHE

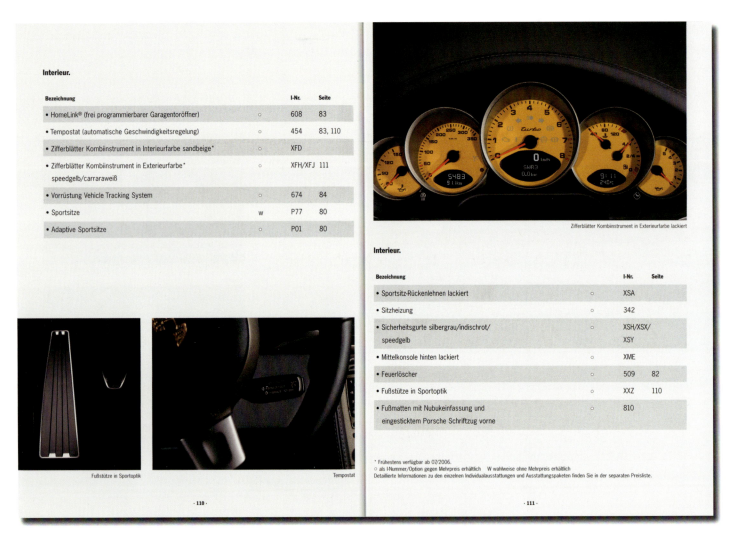

Die Sonderausstattungsliste lässt viel Raum, den 911 nach ganz individuellen Ansprüchen auszustatten.

steht darin, einen Porsche für die Rennstrecke ebenso standfest zu bekommen wie für Anreise und Abreise dorthin. Und viele anschließende Fahrten ins Büro.«

Dafür haben die Ingenieure in Weissach schon reichlich Vorarbeit geleistet. Nicht nur in Fragen von Qualität, Leistung und Design. Auch um den speziellen Porsche-Sound, der für Enthusiasten genauso wichtig ist wie die Form, haben sich Spezialisten geküm-

TYPISCH PORSCHE

Die Lichtkante zeigt die neue 911-Linie,

die wieder ganz die alte ist.

Der 911 | Die Modelle

**Letzten Endes ist Fahrdynamik
auch nur ein Synonym für Fahrspaß.**

Die 911 Carrera 4 Modelle.

Der 911 ist schon einzigartig. Kein anderer Sportwagen hat über so viele Jahre mit Heckmotor und Heckantrieb so viele Erfolge eingefahren. Warum also gibt es den 911 auch mit Allradantrieb? Weil uns, wie so oft, die Herausforderung gereizt hat. Und weil es Sinn macht: in puncto Sicherheit – und natürlich Sportlichkeit.

Der Allradantrieb in den 911 Carrera 4 Modellen steigert die Fahrdynamik deutlich. Ohne Einbußen bei Agilität und Wendigkeit. Wie funktioniert das?

Die Antriebskraft wird automatisch auf Vorder- und Hinterräder verteilt. Für einen höheren und effektiveren Einsatz der Leistung – etwa beim Herausbeschleunigen aus Kurven. Das verbessert die Fahrstabilität – und damit die aktive Sicherheit. Besonders auf welligem oder losem Untergrund wie zum Beispiel Sand, Schnee oder Eis.

Die breitere Spur der allradgetriebenen Modelle unterstützt die Fahrdynamik nochmals: durch ein höheres Querbeschleunigungspotential bei Kurvenfahrt. Und sie bedeutet noch mehr Sicherheit: durch höhere Wankabstützung bei schnellem Fahrbahnwechsel.

Zusätzliche Bremsfunktionen des für die 911 Carrera 4 Modelle weiterentwickelten Porsche Stability Managements (PSM) – die Vorbefüllung der Bremsanlage und der Bremsassistent – steigern die Sicherheit weiter.

Um es kurz zu machen: Es geht – wie immer – um Fahrspaß. Auf langen Geraden. Auf kurvigen Landstraßen. Auf steilen Serpentinen im Gebirge. Die 911 Carrera 4 Modelle nehmen solche Situationen gelassen. Und sportlich. Ganz 911 eben.

- 27 -

mert, wie die »Automobil Revue« in einem Fahrbericht feststellt: »Um das elektrisierende Motorengeräusch des Hochleistungsboxers ranken sich Legenden. Mit dem neuesten ›Soundmanagement‹ dürften, insbesondere beim stärkeren S-Motor, selbst anspruchsvolle Fans – nach dem damaligen Umbau auf Wasserkühlung frustriert – zufrieden sein. Der Aufwand mit Resonanzkammern, Verbindungsbohrungen und einem speziellen Resonator ist beträchtlich.«

**Angeblich hebt schon ein wenig Sonne die Stimmung.
Wir wollten da ganz sichergehen.**

Die Cabriolets.

Man liest ja viel darüber, warum es die Menschen in die Sonne zieht. In südliche Länder. Zu Wort kommen dann Psychologen. Oder Typberater. Nie Ingenieure.

Dabei ist es offensichtlich, warum manche Menschen die Sonne suchen. Zum Beispiel 911 Carrera Cabriolet Fahrer. Sie schätzen das Gefühl des Himmels über sich – besonders mit offenem Verdeck.

Sie genießen die Nähe zur Natur und zur Umgebung. Vor allem aber legen sie Wert auf kompromißlose Leistung und Sportlichkeit – auch bei einem Cabriolet.

Unverzichtbar ist deshalb auch das klassische Stoffverdeck. Es spart Gewicht und hält den Fahrzeugschwerpunkt niedrig. Bei exzellenter Aerodynamik und Ästhetik. Sportlich eben. Offen oder geschlossen.

Die Cabriolets sind durch ihre Technik und ihre Ausstattung voll alltagstauglich. Auch bei schlechtem Wetter oder im Winter. Und die Sicherheit? Entspricht den hohen Porsche Standards.

Anders ausgedrückt: Die 911 Cabriolet Modelle sind vor allem eines – typisch 911. Das allein ist eigentlich Grund genug, in der Sonne mal eine Runde zu drehen.

In Zuffenhausen weiß man, warum Menschen Porsche kaufen und welche Menschen Porsche kaufen. Das stellt auch Marcus Peters in einem Test des 911-Turbo-Cabrios für »auto motor und sport« fest: »Alles Wichtige sammelt sich im Turbo hinter der Vorderachse; Sperrgut reist auf dem, was Porsche euphemistisch Rücksitz nennt. Auch das ist Brauchtum. Dennoch ist der 911 Turbo alles andere als ein Puritaner, arrangiert sich erstmals mit den Komfort-Wünschen seiner Best-Age-Klientel, dehnt dabei

Porsche verschließt sich dem allgemeinen Blechdachwahn beim Cabrio und setzt nach wie vor aufs leichte Stoffverdeck.

TYPISCH PORSCHE

**Porsche Motorsport-Aktivitäten.
Die andere Seite Ihres Porsche.**

Nürburgring, Le Mans, Hockenheim, Mille Miglia, Daytona, Paris–Dakar, Monte Carlo, Targa Florio. Porsche hat kein Rennen ausgelassen. Es gibt keine Schikane, kein Kurvenlabyrinth, keine Spitzkehre, die wir nicht persönlich kennen.

Denn die Vertrautheit von Fahrer, Fahrzeug und Rennkurs ist es, die uns immer in der Spitze hat mitfahren lassen: Über 28.000 Rennsiege gehen auf unser Konto.

Motorsport – das ist Leidenschaft. Das sind Extremerfahrungen, die in die Entwicklung unserer Serienfahrzeuge einfließen. Und damit in Ihren Alltag mit dem 911.

Trotzdem: Sie können – wenn Sie möchten – mit dem 911 in verschiedenen Rennklassen starten. Hierzu bietet Porsche Motorsport eine Reihe von Möglichkeiten: so z. B. neben verschiedensten Clubsportserien im In- und Ausland den Porsche Sports Cup in Deutschland für passionierte Amateure, die nationalen Porsche Carrera Cups für semiprofessionelle Fahrer sowie den Porsche Michelin Supercup auf internationaler Ebene für professionelle Fahrer. Nur: Achten Sie bitte auf Ihren Puls.

Das Highlight ist der 911 GT3 Cup (Typ 997). Er verfügt mit dem sequentiellen Getriebe über ausgefeilte Renntechnik. Das Gewicht: leichte 1.120 kg. Das Triebwerk: ein leistungsgesteigerter und speziell für den Motorsport modifizierter 3,6-Liter-6-Zylinder-Boxermotor mit 294 kW (400 PS). Das Resultat: atemberaubende Zweikämpfe und unbeschreibliche Faszination.

Der 911 GT3 Cup wird 2006 sowohl in den internationalen Carrera Cups als auch im Porsche Michelin Supercup eingesetzt.

Der Porsche Michelin Supercup.

Er ist der schnellste internationale Markenpokal der Welt. Im Rahmen der Formel-1-Wochenenden in Europa, Bahrain und den USA finden die Rennen vor Hunderttausenden von Zuschauern statt. Beim Porsche Michelin Supercup gehen ausschließlich auf der Serie basierende 911 GT3 Cup (Typ 997) mit Michelin-Rennreifen und der Keramik-Bremsanlage (PCCB) an den Start. Die Rennwagen sind technisch identisch – und stellen so das Können des Fahrers und des Teams in den Vordergrund.

So kämpfen professionelle Teams und hochkarätige Fahrer in 12 Läufen um die Meisterschaft. Kurz: Spannung, Leidenschaft und Motorsport pur. Garantiert.

Bei Porsche ist es mittlerweile Tradition, seinen Kunden ein adäquates Gerät für ambitionierten Motorsport zu bieten.

die Tradition.« Hilfreich ist dabei das Fahrwerk mit elektronischer Dämpferverstellung, das Porsche Active Suspension Management (PASM) genannt und im Katalog so beschrieben wird: »Es regelt aktiv und kontinuierlich die Dämpferkraft abhängig von der Fahrweise und der Fahrsituation für jedes einzelne Rad.« Der Fahrer kann zwischen zwei Grundprogrammen wählen, was Tester Peters natürlich ausprobiert: »Typ gusseisern? Okay, dann die Sporttaste

Die reine Lehre

- Über 50 Jahre Motorsporterfahrung
- Über 28.000 Porsche Rennsiege
- Technik von der Rennstrecke
- Konzentration auf den Fahrer

Es sind vor allem 2 Gründe, die die Geschichte der Porsche Sportwagen so erfolgreich werden ließen: ihre innovative Technik – und das Wissen der Ingenieure, daß diese Technik immer den Fahrer und seine jeweiligen Bedürfnisse im Fokus haben muß.

Nur die direkte und präzise Verbindung, die fast automatisch zwischen einem Porsche und seinem Fahrer entsteht, machte vieles erst möglich: über ein halbes Jahrhundert Porsche Motorsport mit über 28.000 Rennsiegen.

Wir haben beides erneut umgesetzt. Mit Technik, die alltagstauglich und im Motorsport kompromißlos sportlich ist – und die mit dem Fahrer praktisch zu einer Einheit wird. Der neue 911 GT3 RS und der 911 GT3. Die reine Lehre.

Das Bild zeigt es deutlich: Der GT3 fühlt sich auf der Rennstrecke zu Hause.

drücken, durchschütteln lassen und den guten alten Zeiten huldigen, als der Porsche-Pilot noch Rückgrat und Nerven aus Stahl besaß. Und einen robusten Magen, der sich nicht einmal von ungefilterten Bodenwellen umstülpen ließ. Auf Stellung normal ist das aktive Fahrwerk dagegen leicht verdaulich. Man muss nicht hart sein, um mit dem Turbo-Cabrio der Sonne hinterherzujagen.«

TYPISCH PORSCHE

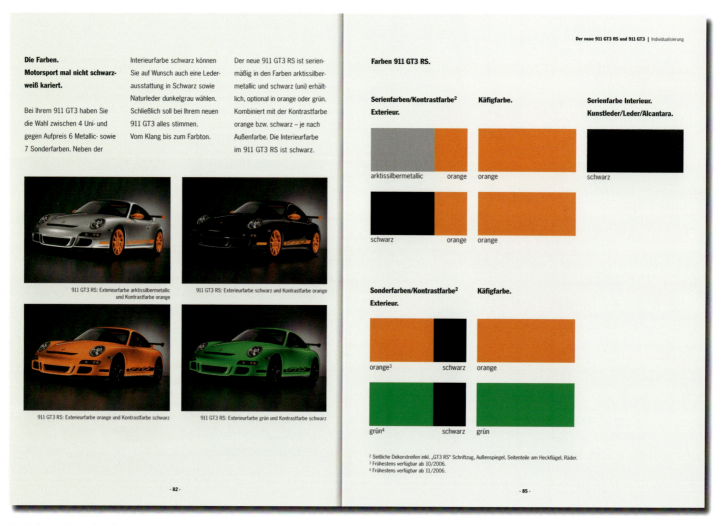

Auch das Farbangebot ist eine Verbeugung vor den sportlichen 1970er-Jahren.

Wohl aber, wenn man in einen 911 mit dem Namenszusatz GT steigt. Der verkörpert, wie der Verkaufsprospekt sagt, »Die reine Lehre«, also 50 Jahre Porsche-Motorsport-Erfahrung, über 28 000 Porsche-Rennsiege, davon gut 15 000 mit einem 911. Diese Autos sind – nicht nur laut Katalog – »kompromisslos sportlich«. Oder »Porsche pur«, wie »Auto Bild«-Tester Jörg Maltzahn nach einer Fahrt im 530 PS star-

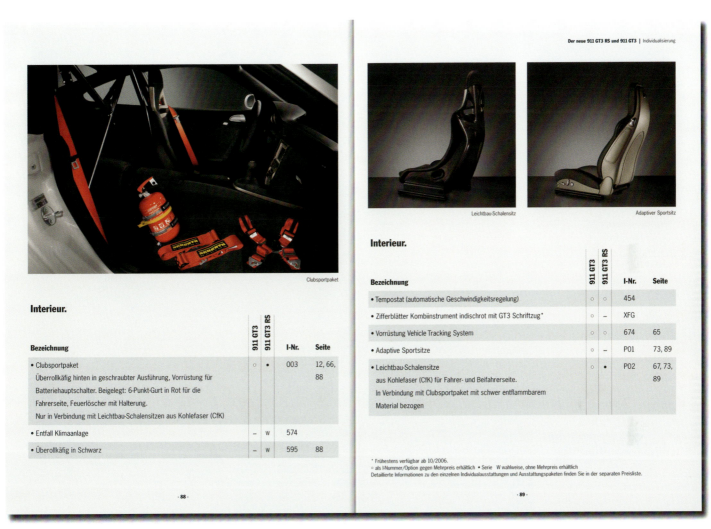

ken GT2 im Frühjahr 2008 feststellt: »Allerdings so pur, dass er Le Mans näher ist als dem öffentlichen Verkehr. Schon wenige Kilometer im Bi-Turbo-Ungeheuer über Landstraßen reichen, und der Entschluss steht fest: Tausche diesen Straßen-Rennwagen gegen einen Porsche mit Federungskomfort.« Das will was heißen; schließlich kostet der GT2 so viel wie zwei Carreras.

Feuerlöscher und Sechspunktgurt für den Fahrer gehören beim 911 GT3 RS zur Serienausstattung.

TYPISCH PORSCHE

EPILOG – DER NEUE 911

Die Berufserfahrung lehrt »Auto Bild«-Redakteur Dirk Branke: »Eine Legende wie den 911 zu erneuern ist nicht leicht.« Dabei erinnert er sich noch genau »an den Aufschrei der Fangemeinde bei der Umstellung von Luft- auf Wasserkühlung«. Rund zehn Jahre später ist das Normalität für Porsche-Käufer. Und für die Porsche-Macher Zeit, die Technik des 911 grundlegend zu modernisieren. Und das, obwohl es sich anno 2008 nicht um einen Modellwechsel handelt, sondern nur um eine Modellpflege, was gerne mit dem Anglizismus »Facelift« bezeichnet wird. Doch bedarf gerade das Gesicht der Baureihe 997 keines operativen Eingriffs. Ein bisschen Make-up tut's auch: Leichte Retuschen an der Bugschürze in Form vergrößerter Lufteinlässe, dazu ein LED-Tagfahrlicht, das ins Blinkergehäuse integriert ist sowie etwas größere Rückspiegel. Selbst Kenner müssen genau hinschauen, um die Unterschiede zum 997 der ersten Generation zu entdecken. Erst recht von hinten. Eine etwas markantere Heckschürze und fast ellipsenförmig gestaltete Rückleuchten mit LED-Technik künden davon, dass gerade ein 997 der zweiten Generation überholt hat.

Schließlich hat es der Neue bei aller gestalterischen Zurückhaltung faustdick unter dem Blech. Modellwechsel und selbst Modellpflege ist bei Porsche fast zwangsläufig mit einer Leistungssteigerung verbunden. So mobilisiert der 3,6-Liter des neuen Carrera 345 PS (254 kW) 20 PS mehr als der Vorgänger. Und der 3,8-Liter im Carrera S bietet mit 385 PS (283 kW) gar ein Leistungsplus von 30 PS. Dabei haben die Porsche-Ingenieure nicht etwa das bekannte Aggregat zur Leistungskur geschickt, sondern ein komplett neues konstruiert. Hauptmerkmale: Benzindirekteinspritzung und höhere Verdichtung. Damit schaffen die Konstrukteure fast die Quadratur des Kreises. Sie machen den Sportwagen nicht nur stärker und schneller,

EPILOG

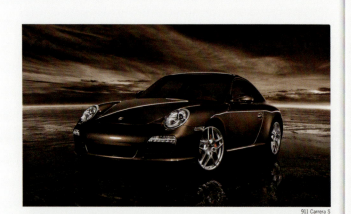
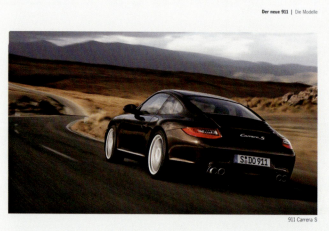

Es ist nicht nur die Herkunft, die den Charakter prägt. Sondern auch die Werte.

Der neue 911 Carrera S.

Im Falle des neuen 911 Carrera S kann der Fahrer dies sogar wörtlich nehmen. Leistung steht hier im Vordergrund. Seine Daten sind ein Zeugnis von innerer Stärke: 3,8-Liter-Motor mit Benzindirekteinspritzung (Direct Fuel Injection, DFI – S. 36).

283 kW (385 PS) bei 6.500 1/min. Maximales Drehmoment: 420 Nm bei 4.400 1/min.

Weitere Werte, die für sich stehen können: 0 auf 100 km/h in 4,7 Sekunden. Erst bei 302 km/h hat der Vortrieb ein Ende. Auf Wunsch erhältlich: das Porsche Doppelkupplungsgetriebe (PDK – S. 51), das die Beschleunigungswerte nochmals verbessert: 0 auf 100 km/h in 4,5 Sekunden.

Kombiniert man das PDK mit dem optionalen Sport Chrono Paket Plus (S. 70), vergehen sogar nur 4,3 Sekunden für den Sprint von 0 auf 100 km/h.

Der Sound, der die beiden Doppelendrohre aus Edelstahl verlässt, ist charakteristisch. Charakteristisch Porsche.

Die 4-Kolben-Aluminium-Monobloc-Festsättel sind rot lackiert. Die groß dimensionierten Bremsscheiben sorgen für hervorragende Verzögerung und finden Platz hinter den 19-Zoll Carrera S II Rädern in neuem, sportlichem Design. Auf Wunsch ist die Porsche Ceramic Composite Brake (PCCB – S. 84) erhältlich.

Für die perfekte Verbindung zur Straße sorgt das serienmäßige Porsche Active Suspension Management (PASM – S. 68) mit um 10 mm abgesenkter Karosserie.

Für alle, die es kompromissloser schätzen, gibt es für beide verfügbaren Getriebevarianten das optional erhältliche PASM-Sportfahrwerk. Mit einer Tieferlegung um 20 mm und einer mechanischen Hinterachs-Quersperre.

Bei aller Sportlichkeit kommt auch die Alltagstauglichkeit nicht zu kurz. Durch das neue Porsche Communication Management (PCM – S. 96) oder das optionale dynamische Kurvenlicht.

Fassen wir zusammen: Die innere Stärke des neuen 911 Carrera S zeigt sich nicht nur an puren Leistungswerten. Aber eben auch.

Technik verbessert, Charakter erhalten – das freut auch die gusseisernen Elfer-Fans.

sondern gleichzeitig auch etwas sparsamer. Das Einsparungspotential beziffert »auto motor und sport« auf 6,4 bis 12,8 Prozent. Dabei gibt Autor Götz Leyrer Entwarnung für die wertkonservativen Elfer-Fans: »Klar ist aber, dass sich am Motorcharakter nichts geändert hat: Der Sound bleibt typisch wie der kultivierte Lauf, das spontane Ansprechen und die überschäumende Drehfreude.« In Vortrieb umgesetzt wird das alles vom PDK, dem »Porsche-Doppelkupplungsgetriebe«, mit dem Porsche schon seit mehr als 20 Jahren Erfahrungen sammelt, allerdings nur auf der Rennstrecke. Erst-

911 Carrera Cabriolet

911 Carrera S Cabriolet

Was wir jedem 911 Cabriolet mitgeben: Offenheit für Begeisterung.

Die neuen 911 Carrera Cabriolet Modelle.

Faszination. Das war schon immer eine Triebfeder bei der Entwicklung des 911. Besonders intensiv lässt sie sich an einem Sonnentag bei entspannt sportlicher Fahrt in einem offenen 911 erleben. Das ist der Grund, warum jeder neue 911 auch als Cabriolet zu haben ist.

Technisch folgen sie dem Leistungsgedanken der geschlossenen Varianten. Mit 3,6- oder 3,8-Liter-Triebwerk. Mit Heckantrieb oder Porsche Traction Management (PTM – S. 58).

Für Fahrleistungen, die über jeden Zweifel erhaben sind. Begeisterung auf 911 Niveau eben.

Gleiches gilt für das Sicherheitskonzept (S. 76): Fullsize-Airbags für Fahrer und Beifahrer sowie der Seitenaufprallschutz Porsche Side Impact Protection System (POSIP – S. 89) sind bei allen 911 Modellen serienmäßig. Bei den Cabriolet Modellen ergänzt durch einen effektiven Überrollschutz (S. 90).

Ebenfalls auf offenes Fahren abgestimmt: die neue und optional erhältliche Sitzbelüftung – für besonders heiße Tage.

Übrigens: Die neuen 911 Cabriolet Modelle sind Cabriolets im klassischen Sinne: mit Stoffverdeck.

Das spart Gewicht an der richtigen Stelle. Für einen sportwagentypisch tiefen Schwerpunkt. Und einen niedrigen Verbrauch. Es wurde nochmals optimiert, damit auch bei schlechtem Wetter die Faszination erhalten bleibt.

Gleichzeitig mit dem neuen Coupé präsentiert Porsche auch das neue Cabrio.

mals eingesetzt wurde es im durch seine Le Mans-Erfolge bekannten Rennwagen 962. Weil das PDK mithilfe von Lenkradtasten oder des Schalthebels manuell und ohne Zugkraftunterbrechung schaltet, kommt es sportlichen Fahrern enorm entgegen – und weil das ganze auch automatisch funktioniert, kommen auch komfortorientierte Porsche-Piloten auf ihre Kosten. Mithin ist das PDK wohl die eierlegende Wollmilchsau unter den Kraftübertragungen, zumal die siebte Fahrstufe als Schongang ausgelegt ist und somit Drehzahl, Motorengeräusch und Verbrauch mindert. Sogar die Be-

EPILOG

Das Porsche Doppelkupplungsgetriebe ersetzt die Wandlerautomatik »Tiptronic« im Carrera.

schleunigungswerte verbessern sich gegenüber dem Sechsgang-Schaltgetriebe geringfügig. Der Carrera PDK schafft den Sprint auf 100 km/h in 4,7 Sekunden (Schaltgetriebe: 4,9 Sekunden), der Carrera S PDK benötigt gar nur 4,5 Sekunden (Schaltgetriebe 4,7 Sekunden). Dafür sinkt die Endgeschwindigkeit der PDK-Porsche marginal um jeweils 2 km/h auf 287 km/h (Carrera S 300 km/h). ams-Autor Leyrer schreibt den Schaltfetischisten ins Stammbuch: »Das Schalten von Hand hat nur noch Sinn, weil es zu einem ech-

ten Sportwagen gehört, wenn das Auto dem Fahrer nicht alles abnimmt.«

Leyrer charakterisiert die neueste Variante des Dauerbrenners so: »Ein fettes Paket voller Perfektionierung also, der neue Carrera – genau das Richtige zur Feier der 60 Jahre, die Porsche bereits Sportwagen baut.« Die 1963 gestartete Erfolgsgeschichte des 911 geht also weiter – ad multos annos.

Auch wenn der neue Elfer wieder ein bisschen teurer geworden ist, werden die Käufer ihren Porsche individuell ausstatten.